PROBLÈMES DE MORALE

PAR

P.-D. PONTSEVREZ

Lauréat de l'Institut
Professeur de morale aux Écoles supérieures municipales de Paris
Ancien professeur de philosophie au Collège et a l'École préparatoire Sainte Barbe
Officier de l'Instruction publique

NOUVELLE ÉDITION REVUE

PARIS

LIBRAIRIE HACHETTE ET Cie

79, BOULEVARD SAINT-GERMAIN, 79

8

19290

PROBLÈMES DE MORALE

DU MÊME AUTEUR

Principes de Philosophie scientifique et de Philosophie morale, conformes au programme du 31 mai 1902, pour les classes de Mathématiques A et B. Morale pratique; principes généraux de la morale; théorie des méthodes scientifiques. Un vol. in-16, cartonnage toile . . . . 4 fr.

Notions morales, l'Individu; la Famille; l'État; l'Humanité; ouvrage conforme au programme des classes de Quatrième et de Troisième A et B de l'Enseignement secondaire, et de la classe de Troisième année de l'Enseignement primaire supérieur. Un vol. in-16, cartonné. . . . . 2 fr.

LITTÉRATURE

Faute d'un mot. Roman couronné par la Société nationale d'encouragement au bien, honoré d'une souscription du ministère de l'Instruction publique; Flammarion, édit. Un vol. in-18 jésus . . . . 3 fr. 50

Le couteau de Jean-Pierre. Nouvelle illustrée. Librairie Hachette et Cie . . . . 35 cent.

Le dragon. Poésie récitée par M. Coquelin aîné. Un vol. in-18 jésus, 3e édition. . . . . 1 fr.

Beauvais délivré. Poème de la *Chanson de France*, honoré d'une souscription du ministre de l'Instruction publique. Un vol. in-18 jésus. 1 fr. 25

Lille assiégée. Poème de la *Chanson de France*. . . 50 cent.

Premier sergent de France. Poésie récitée par M. G. Baillet du Théâtre-Français. Un vol. in-18 jésus. . . . . 1 fr.

Talisman. Poésie récitée par Mlle Mellot, au grand amphithéâtre de la Sorbonne. Un vol. in-12 carré, orné d'une eau-forte. . . . . 1 fr.

246-04. — Coulommiers. Imp PAUL BRODARD. — 3-04.

PROBLÈMES DE MORALE

PAR

P.-D. PONTSEVREZ

Lauréat de l'Institut
Professeur de morale aux Écoles supérieures municipales de Paris
Ancien professeur de philosophie au Collège et à l'École préparatoire Sainte-Barbe
Officier de l'Instruction publique

« C'est se tromper sur les écoles, sur
leur but, sur leur grandeur que d'y voir
surtout la propagation de la science; il
faut y chercher, il faut y mettre la propagation du courage et de la vertu. »

JULES SIMON.

NOUVELLE ÉDITION REVUE

PARIS

LIBRAIRIE HACHETTE ET Cie

79, BOULEVARD SAINT-GERMAIN, 79

1904

AVERTISSEMENT

I

La circulaire ministérielle du 23 octobre 1898 prescrit que les sujets de composition de morale devront être simples, qu'il faudra éviter les théories abstraites, et proposer de petits problèmes moraux dont on demandera au candidat la solution, l'interroger sur la conduite qu'il devrait tenir dans telle ou telle circonstance, et sur les raisons qui le determinent.

Nous nous sommes le plus possible conformé à l'esprit de cette prescription.

Toutefois la solution d'un problème moral, la conduite à tenir dans telle circonstance supposée, l'appréciation d'un acte, l'adoption d'un motif, la critique d'une maxime, tout cela dépend des principes comparés et admis comme règles générales, comme lois fondamentales, universelles, immuables.

Les principes sont abstraits.

Il paraît donc de toute nécessité d'exercer l'élève à raisonner sur les principes, à en discerner le fondement et la portée, afin qu'il soit capable d'en faire l'application exacte et judicieuse aux cas particuliers.

Rien de plus dangereux que d'habituer l'adolescent à ne traiter la vie morale que par incidents et circonstances;

c'est peut-être le moyen d'en faire un casuiste un peu
subtil; c'est sûrement le moyen de n'en faire pas une
conscience claire et ferme, trouvant un appui permanent
dans une solide doctrine.

N'oublions pas au surplus que, garçons ou filles, les candidats au certificat d'études primaires supérieures ne sont
plus à proprement parler des *enfants*: ils doivent avoir au
moins QUINZE ans.

Accorder à la discussion des principes une part dans les
exercices de composition de morale, c'est donc nous maintenir dans l'esprit, sinon dans la lettre de l'instruction
ministérielle.

Strictement du reste les prescriptions de la circulaire
régissent le genre des sujets donnés à l'examen et non pas
la préparation à cet examen.

Refaire de façon détournée un *cours complet* de morale,
il n'en est pas ici question : notre objet ne peut être de
faire passer en forme de problèmes toutes les règles morales. Cependant le choix et le classsement des sujets de
composition concordent avec les divisions consacrées de
la morale. Ce classement, il est vrai, ne peut être absolument rigoureux; toutes les questions ne sont pas simples
et ne se rattachent pas uniquement à une partie déterminée. Il en est de complexes qui mettent précisément en
conjonction ou en opposition divers ordres de devoirs : par
exemple le devoir domestique et le devoir civique, celui-ci
et le devoir social. En pareil cas nous avons rattaché le
problème à l'ordre de devoirs le plus étendu.

Pour la rédaction des plans indiqués nous avons jugé
préférable de ne nous astreindre point à un procédé uniforme, ni à un égal développement. En variant les genres
des exemples nous avons aussi varié la proportion des
plans; parfois même, il nous a paru opportun de remplacer ou de compléter le plan par un suggestif fragment
d'un écrivain classique.

L'unité de méthode se retrouve d'abord en ceci : ramener
toute question particulière à un principe général, montrer
à l'élève la nécessité de définir l'objet en question, de circonscrire le débat. — Elle se retrouve encore dans la constante direction de la réflexion.

Ce qui est désirable par-dessus tout, c'est que des jeunes

gens de quatorze à dix-sept ans ne se contentent pas d'enregistrer plus ou moins exactement dans leur mémoire des formules et des préceptes. Exercer leur jugement, leur raisonnement, développer en eux le sens critique, les rendre capables, autant que s'y prêtent leurs facultés naturelles, de discerner à travers les apparences changeantes des circonstances extérieures l'immuable caractère du devoir, voilà le but premier de ces compositions; leur but supérieur, c'est de favoriser en leur âme le goût non seulement de la stricte correction, mais de la délicatesse morale, qu'il est d'autant plus nécessaire de cultiver en l'individu que les mœurs publiques tendent à plus de relâchement.

Par ce côté, le livret que voici, bien employé, peut devenir quelque chose de mieux qu'un outil scolaire, s'approprier à un dessein plus large et plus élevé qu'un succès à un examen de fin d'études, demeurer pour le jeune homme et la jeune fille sortis de l'école une *somme* de consultation dans les épreuves parfois troublantes de la vie.

II

Au point de vue de la pédagogie pratique, il nous reste quelques observations à présenter sur la méthode et la direction de la composition morale.

La commune erreur des élèves consiste à traiter un sujet de morale suivant les règles de rhétorique qui leur sont enseignées pour la narration ou le discours : ils visent à l'amplification dite littéraire.

Une composition de morale est une *démonstration*. Toute démonstration doit s'appuyer sur une vérité nécessaire et aboutir à une conclusion *catégorique*.

On ne peut pas, en morale, s'arrêter à une proposition indécise : ce n'est pas conclure que d'admettre la possibilité de deux conclusions différentes ou contraires.

Il est de toute nécessité, pour mener sûrement une discussion, de posséder les principes propres de la matière que l'on discute, et, quelle que soit cette matière, les règles générales du raisonnement.

L'embarras pour les élèves de l'Enseignement primaire supérieur, c'est qu'ils doivent, pour écrire avec sûreté une composition de morale en troisième année, connaître et appliquer les lois logiques du raisonnement, et c'est seulement en quatrième année qu'elles leur sont, spécialement enseignées.

Multiplier tout bonnement les devoirs écrits, et attendre de là un progrès du raisonnement, c'est attribuer au procédé empirique des vertus qu'il n'a pas; en forgeant on devient forgeron, soit; il ne s'agit là que d'un effort musculaire; ce n'est pas en écrivaillant qu'on apprend à écrire, ce n'est pas en réitérant plus ou moins l'expérience de coudre au petit bonheur des idées bout à bout qu'on apprend à penser.

Notre devoir est donc de remédier le plus possible à un défaut capable de rendre plus nuisible qu'utile l'exercice de dissertation morale.

Aussi, contrairement à l'opinion assez répandue que c'est avec le cœur qu'on enseigne la morale, nous tenons avant tout à l'enseigner avec la raison et par le raisonnement. Le sentiment se fera jour tout seul ensuite, mais éclairé, dominé et dirigé par la pure et mâle beauté du juste et du vrai. La raison n'impose pas la sécheresse; le raisonnement bien réglé ne bannit pas la raison. Mais que nos jeunes gens sachent bien qu'il faut persuader par preuves, et non entraîner par émotion.

Rien de plus pernicieux que la rhétorique sentimentale.

Ne laissez jamais s'infiltrer dans l'âme de l'enfant le faux principe que le mouvement de la sensibilité peut régler ou légitimer notre conduite. La conséquence de ce sophisme trop fréquent de nos jours, éclate à l'encontre même des vœux de l'école sentimentale, c'est la destruction ou tout au moins le refoulement des affections raisonnables et nobles par les instincts brutaux et par les passions de hasard; tandis que les beaux et bons sentiments ne peuvent que gagner de la force et magnifiquement fleurir si leur racine se nourrit de certitude rationnelle et de raisonnement droit et clair.

Voilà pourquoi nous n'avons pas craint l'abondance des arguments dans la plupart des plans explicatifs; il n'est pas à redouter que les élèves au profit de qui ce travail est fait, abusent de la recherche des idées. Nous ne leur demanderons jamais trop de scruter ce que contient d'intentions et de conséquences un acte ou une maxime, et de se préserver des phrases creuses et des exclamations banales substituées à l'analyse rigoureuse des principes et des faits.

Plus leur attention se portera sur la détermination exacte et complète, sur l'enchaînement logique des éléments nécessaires d'un sujet, plus leur esprit acquerra de rectitude, et plus leur style gagnera de simplicité et de clarté.

Le souci de leur faire éviter autant que possible les faux raisonnements nous conduit à placer en appendice un résumé des lois formelles de la pensée, des règles des inférences, et des principales sources d'erreurs et de sophismes.

Et pour l'explication de ces règles, et de cette analyse sommaire, à défaut de la parole du maître, nous renvoyons les élèves au chapitre III, paragraphe 4, de la première partie de nos *Principes de Philosophie scientifique et de Philosophie morale*.

PONTSEVREZ.

Paris, mai 1899.

DE LA CIRCULAIRE DU 23 OCTOBRE 1898

L'introduction de la composition de morale attestera l'importance qu'on doit attacher à cet enseignement, à l'école primaire supérieure comme à l'école élémentaire. Mais il est évident que les sujets de composition devront être simples, qu'il faudra éviter les théories abstraites ou la reproduction des leçons faites à l'école. A cet âge, dans la vie quotidienne de l'enfant, on peut déjà trouver la matière de petits problèmes moraux dont on lui demandera la solution, l'interroger sur la conduite qu'il devrait tenir dans telle ou telle circonstance et sur les raisons qui le déterminent. D'autres fois encore, une anecdote, le récit d'une bonne action, qu'on lui demanderait d'analyser, d'apprécier, offriraient le thème de la composition. (*Durée de la composition. 1 h. 30, — cote de 0 à 20, — deux points en moins pour l'écriture défectueuse.*)

PROBLÈMES DE MORALE

I

L'ORDRE MORAL

CONSCIENCE, LIBERTÉ, RESPONSABILITÉ

1. — La science morale.

SUJET

Certains actes et certaines coutumes réprouvés dans un pays sont tolérés ou même admirés dans un autre : ainsi la vengeance semblait un devoir en Corse; le Spartia'e jadis, et l'Arabe récemment, jugeaient le voleur plus méprisable pour s'être laissé découvrir et prendre que pour avoir volé; presque partout dans l'antiquité on célébra des sacrifices humains. Toutes ces pratiques, nous les condámnons. Faut-il conclure de la divergence des jugements portés sur une même action, que la morale n'a pas de principe universel et identique, et que par suite elle n'est pas une science?

PLAN

A. Une science est un système de vérités touchant un ordre déterminé de faits. Exemples.

a) Dans la science on cherche la loi.

1

b) Ordre déterminé de faits objet de la morale : les actes libres de l'homme; ils ont un but prévu par lui.

B. Ces actes libres sont-ils indifférents? — Si oui, nul besoin de science morale. — Si non, nécessité d'une science qui découvre et enseigne ce qu'il convient de faire et ce qu'il convient de ne faire pas.

C. Distinction du bien et du mal. — Faits probants :
  a) Témoignage de la conscience individuelle et de la conscience publique universelle.
  b) Liaison de l'idée du bonheur et du caractère moral des actes.

D. Les caractères communs de l'humanité (raison, liberté) imposent la reconnaissance d'une *fin* commune, — donc d'une *loi* commune qui préside à la réalisation de cette fin.

E. Objection. — Tous les hommes reconnaissent qu'il y a le bien et le mal. — Ils ne sont pas toujours d'accord sur ce qui est bon ou mauvais moralement.

Réponse. — D'où naît la contradiction? De l'interprétation du principe du bien et du mal.
  Causes de cette divergence :
    1° Inégalité d'intelligence, d'éducation, de science et d'expérience;
    2° Déviation du raisonnement sous l'influence de la passion, de l'intérêt;
    3° Confusion et aberration par abus de circonstances particulières qui dérobent la vue du fonds universel et constant des principes.

F. Correction de ces aberrations par élimination des causes reconnues d'erreur : juger tout acte en soi, comme impersonnel, et non par rapport à telle personne déterminée.

Conclusion. — La science morale est non seulement possible, mais nécessaire. La conscience humaine progresse à mesure que la loi morale est mieux comprise.

RÉFÉRENCE

Il nous importe sûrement fort peu qu'un homme ait été méchant ou juste il y a deux mille ans; et cependant le même intérêt nous affecte dans l'histoire ancienne que si cela était passé de nos jours. Que me font à moi les crimes de Catilina? Ai-je peur d'être sa victime? Pourquoi donc ai-je de lui la même horreur que s'il était mon contemporain? Nous ne haïssons pas seulement les méchants parce qu'ils nous nuisent, mais parce qu'ils sont méchants....

Parmi tant de cultes inhumains bizarres, parmi cette prodigieuse diversité de mœurs et de caractères, vous trouverez partout les mêmes idées de justice et d'honnêteté, partout les mêmes principes de morale, partout les mêmes notions du bien et du mal. L'ancien paganisme enfanta des dieux abominables, qu'on eût punis ici-bas comme des scélérats, et qui n'offraient pour tableau du bonheur suprême que des forfaits à commettre et des passions à contenter; mais le vice, armé d'une autorité sacrée, descendait en vain du séjour éternel, l'instinct moral le repoussait du cœur des humains. En célébrant les débauches de Jupiter, on admirait la continence de Xénocrate; la chaste Lucrèce adorait l'impudique Vénus; l'intrépide Romain sacrifiait à la Peur; il invoquait le dieu qui mutila son père, et mourait sans murmure de la main du sien....

Il est donc au fond des âmes un principe inné de justice et de vertu, sur lequel, malgré nos propres maximes, nous jugeons nos actions et celles d'autrui comme bonnes ou mauvaises : c'est à ce principe que je donne le nom de conscience.

J.-J. ROUSSEAU, Émile.

« Quel est l'âge où nous connaissons le juste et l'injuste? L'âge où nous connaissons que deux et deux font quatre. »

. . . .

Plus j'ai vu des hommes différents par le climat, les mœurs, le langage, les lois, le culte, et par la mesure de leur intelligence, et plus j'ai remarqué qu'il ont tous le même fond de morale; ils ont tous une notion grossière du juste et de l'injuste sans savoir un mot de théologie; ils ont tous acquis cette même notion dans l'âge où la raison se déploie, comme ils ont tous appris naturellement l'art de soulever des fardeaux avec des bâtons et de passer un ruisseau sur un morceau de bois sans avoir appris les mathématiques. Il m'a donc paru que cette idée du juste et de l'injuste leur était nécessaire, puisque tous s'accordaient sur ce point dès qu'ils pouvaient agir et raisonner.... Tous les peuples assurent qu'il faut respecter son père et sa mère, que le parjure, la calomnie, l'homicide sont abominables. Ils tirent donc tous les mêmes conséquences du même principe de leur raison développée.

VOLTAIRE, le Philosophe ignorant.

2. — L'utilité de la morale.

SUJET

La géométrie n'est particulièrement utile qu'au géomètre, l'astronomie qu'à l'astronome, la rhétorique qu'à l'orateur, l'art de faire le pain qu'au boulanger; la science morale est nécessaire, à tous. — Démontrer la valeur de cette proposition.

PLAN

A. Toute science et tout art pour être enseignés et appris nécessairement supposent deux conditions :

    1° Celui à qui on les enseigne ou qui les apprend est capable de les comprendre ou de les pratiquer;

    2° Il en tirera une utilité personnelle, et nulle autre personne à sa place ne lui procurerait cette utilité.

B. a) Tous les hommes ne sont pas également aptes à comprendre et à pratiquer la géométrie, l'astronomie, la rhétorique, les métiers manuels, etc.

    b) Il est utile mais non nécessaire à chacun de posséder ces sciences, ces arts, ces métiers. — En fait beaucoup vivent en les ignorant et leur existence n'en est pas compromise.

    c) Dans la connaissance et l'exercice de ces sciences, arts, métiers, les hommes peuvent se suppléer et en fait se suppléent les uns les autres.

C. a) Mais chacun est intéressé pour son propre compte à réaliser sa fin, à gagner son bonheur. — Pas de substitution possible de personne.

    b) Nécessité pour chacun de connaître sa nature et la loi qui la régit. Dangers de l'ignorer : la faute et ses conséquences. — Faute contre soi-même, — faute contre autrui.

D. La société est intéressée à ce que l'individu possède la notion de la loi morale.

E. Cette connaissance possible à tous par la raison, par la conscience. — La société a le devoir de procurer à ses membres l'instruction morale, et le droit d'exiger qu'ils l'acquièrent.

F. Conclusion. — Nul n'est excusable d'ignorer la loi morale.

3. — Comparaison de l'homme et de l'animal.

SUJET

Comme l'homme, l'animal manifeste de la sensibilité, de l'intelligence, de l'activité. Où commence donc la supériorité des facultés humaines. sur les facultés accordées par la nature à l'animal?

PLAN

1°	POINTS DE RESSEMBLANCE	*Sensibilité.*	Physique.	Appétit. Sensation.
		Intelligence.	Perception extérieure. Mémoire.	
		Activité.	Instinct. Habitude.	
2°	DANS CES POINTS DE RESSEMBLANCE, IL Y A DÉJA DES DIFFÉRENCES	*Appétit. Sensation.*	L'homme peut les régler, les diriger, les dominer. L'animal, non.	
		Perception extérieure.	L'homme perçoit non seulement l'apparence des objets, mais leurs formes, leurs qualités réelles, il fait l'éducation de ses sens. L'animal, non.	
		Mémoire.	Chez l'animal, elle est bornée aux impressions des sens; chez l'homme, elle s'étend aux sentiments et aux idées abstraites.	
		Activité.	Instinct plus complet, plus exclusif et dominateur chez l'animal, plus restreint chez l'homme (conservation), mais peut être réprimé par la volonté. L'habitude. L'homme peut de lui-même contracter, corriger, supprimer ou remplacer une habitude par une autre. L'animal, non.	
3°	POINTS DE DIFFÉRENCE: FACULTÉS QUE L'HOMME SEUL POSSÈDE	1° *Sensibilité spirituelle et morale*; inclination, sentiments, passions, émotions provoquées par des idées.		
		2° *Intelligence.*	Imagination. Infinie variété des combinaisons d'idées créant du nouveau. Conscience. Observation de soi-même, conscience morale. Raison. Conception de l'absolu, de l'infini, de l'universel, du parfait.	
		3° *Activité.*	Volonté. Liberté morale.	

CONCLUSION : Supériorité de la vie intellectuelle et morale sur la vie corporelle. — L'animal entièrement soumis à la fatalité des lois de l'univers physique. — L'homme y échappe en tant que pensée et volonté. — Dignité humaine. — Destinée supra-matérielle.

RÉFÉRENCE

L'HOMME COMPARÉ AUX ANIMAUX SOUS LE RAPPORT DES SENS

Les animaux ont les sens excellents; cependant ils ne les ont pas généralement tous aussi bons que l'homme, et il faut observer que les degrés d'excellence des sens suivent dans l'animal un autre ordre que dans l'homme. Le sens le plus relatif à la pensée et à la connaissance est le toucher; l'homme, comme nous l'avons prouvé, a ce sens plus parfait que les animaux. L'odorat est le sens le plus relatif à l'instinct, à l'appétit; l'animal a ce sens infiniment meilleur que l'homme : aussi l'homme doit plus connaître qu'appéter, et l'animal doit plus appéter que connaître. Dans l'homme le premier des sens par excellence est le toucher, et l'odorat est le dernier; dans l'animal, l'odorat est le premier des sens, et le toucher est le dernier : cette différence est relative à la nature de l'un et de l'autre. Le sens de la vue ne peut avoir de sûreté et ne peut servir à la connaissance que par le secours du sens du toucher : aussi le sens de la vue est-il plus imparfait, ou plutôt acquiert moins de perfection dans l'animal que dans l'homme. L'oreille, quoique peut-être aussi bien conformée dans l'animal que dans l'homme, lui est cependant beaucoup moins utile, par le défaut de la parole, qui dans l'homme est une dépendance du sens de l'ouïe, un organe de communication, organe qui rend ce sens actif, au lieu que dans l'animal l'ouïe est un sens presque entièrement passif. L'homme a donc le toucher, l'œil et l'oreille plus parfaits, et l'odorat plus imparfait que l'animal; et, comme le goût est un odorat intérieur, et qu'il est encore plus relatif à l'appétit qu'aucun des autres sens, on peut croire que l'animal a aussi ce sens plus sûr et peut-être plus exquis que l'homme. On pourrait le prouver par la répugnance invincible que les animaux ont pour certains aliments, et par l'appétit naturel qui les porte à choisir, sans se tromper, ceux qui leur conviennent; au lieu que l'homme, s'il n'était averti, mangerait le fruit du mancenillier comme la pomme, et la ciguë comme le persil.

BUFFON.

LES ANIMAUX COMPARÉS A L'HOMME SOUS LE RAPPORT DU RAISONNEMENT

Les bêtes sont purement empiriques et ne font que de se régler sur les exemples; car autant qu'on en peut juger, elles n'arrivent jamais à former des propositions nécessaires, au lieu que les hommes sont capables de sciences démonstratives; en quoi la faculté qu'ont les bêtes de faire des consécutions est quelque chose d'inférieur à la raison qui est dans les hommes. Les consécutions des bêtes sont purement comme celles des simples empiriques, qui prétendent que ce qui est arrivé quelquefois arrivera encore dans un cas où ce qui les frappe est pareil, sans être pour cela capables de juger si les mêmes raisons subsistent. C'est par là qu'il est si aisé aux hommes d'attraper les bêtes, et qu'il est si facile aux simples empiriques de faire des fautes. Des personnes devenues habiles par l'âge et par l'expérience n'en sont pas même exempts, lorsqu'elles se fient trop à leur expérience passée, comme cela est arrivé à quelques-uns dans les affaires civiles et militaires, parce que l'on ne considère point assez que le monde change et que les hommes deviennent plus habiles en trouvant mille adresses nouvelles, au lieu que les cerfs ou les lièvres de ce temps ne sont pas plus rusés que ceux du temps passé. Les consécutions des bêtes ne sont qu'une ombre de raisonnement, c'est-à-dire ne sont qu'une consécution d'imaginations et un passage d'une image à une autre; parce que dans une rencontre nouvelle qui parait semblable à la précédente, elles s'attendent de nouveau à ce qu'elles y ont trouvé joint autrefois, comme si les choses etaient liées en effet parce que leurs images le sont dans la mémoire. Il est bien vrai que la raison conseille que l'on s'attende pour l'ordinaire de voir arriver à l'avenir ce qui est conforme à une longue expérience du passé, mais ce n'est pas pour cela une vérité nécessaire et infaillible; et le succès peut cesser quand on s'y attend le moins, lorsque les raisons qui l'ont maintenu changent. Pour cette raison, les plus sages ne s'y fient pas tant qu'ils ne tâchent de pénétrer, s'il est possible, quelque chose de la raison de ce fait pour juger quand il faudra faire des exceptions. Car la raison est seule capable d'établir des règles sûres et de suppléer à ce qui manque à celles qui ne l'étaient point, en y faisant des exceptions et de trouver enfin des liaisons certaines dans la force des conséquences nécessaires, ce qui donne souvent le moyen de prévoir l'événement sans avoir besoin d'expérimenter les liaisons sensibles des images, où les bêtes sont réduites; de sorte que ce qui justifie les principes internes des vérités nécessaires distingue encore l'homme de la bête.

LEIBNITZ.

4. — L'inconscience.

SUJET

Dans quels cas et par quelles causes arrive-t-il à l'homme d'agir inconsciemment?

Comment peut-il restreindre ces cas, éliminer ces causes, ou s'en préserver?

PLAN

A. Deux sens d'*agir inconsciemment.*
   1º Agir à son insu;
   2º Agir sans discernement de la valeur de l'acte.

B. PREMIER CAS. *a) Causes naturelles.* États pathologiques tenant à la constitution soit physique, soit mentale de l'individu : Épilepsie, délire, folie, somnambulisme.

Il ne dépend pas exclusivement de l'homme que ces causes soient éliminées; mais il est possible de les atténuer et d'en restreindre les effets. Remèdes ; traitement médical, hygiène physique, hygiène morale.

   b) Causes accidentelles. Passion, habitude, ivresse.
   1º Contre la passion : surveillance de soi-même pour en prévenir la naissance, en restreindre l'entraînement : c'est seulement quand elle atteint son paroxysme qu'elle fait agir l'homme à son insu en le dépossédant de lui-même;
   2º Contre l'habitude : d'abord distinguer s'il y a lieu de la combattre; tant que les actes qu'elle fait produire inconsciemment n'ont aucun rapport avec la moralité, pas d'opposition. Si ces actes peuvent atteindre la moralité, rétablir par l'attention l'empire de la volonté;
   3º Contre l'ivresse : règle de permanente tempérance; éviter les occasions d'abus et s'interdire toutes les substances (alcool, tabac, opium, haschich, etc.) capables de troubler la raison.

C. Deuxième cas. *a) Causes naturelles* du manque de discernement : le jeune âge, l'ignorance, la faiblesse d'esprit.

1º Le jeune âge n'est qu'une cause temporaire et graduellement décroissante ;

L'éducation même dès les premiers ans en corrige les effets ;

2º Contre l'ignorance, le remède c'est l'instruction : obligation de profiter à tout âge des moyens de s'instruire ;

3º La faiblesse d'esprit crée une irresponsabilité proportionnelle. Le faible d'esprit ne peut se prémunir seul contre son inconscience : nécessité de le surveiller.

b) Causes accidentelles. La passion, la corruption du jugement par de mauvaises habitudes d'esprit :

1º La passion peut n'aller point jusqu'à la dépossession de la raison, et néanmoins altérer le discernement ;

Hygiène morale, traitement indiqué plus haut.

2º Jugement et raisonnement faussés, par abus de subtilité, parti pris, préjugé.

Hygiène intellectuelle, redressement de l'intelligence par la logique, du sens moral par la bonne foi et par l'éducation morale.

D. *Conclusion.* — En tout temps exacte vigilance sur soi-même. La vie d'un homme représente une valeur morale d'autant plus haute qu'elle contient moins d'actions inconscientes, et plus d'actions choisies, c'est-à-dire libres.

5. — La liberté morale.

SUJET

Déterminer le sens et la portée de cette proposition de M. Caro :

« C'est la foi dans la liberté qui nous fait libre; on est libre dans la mesure où l'on croit l'être, car c'est précisément cette affirmation de notre foi qui nous affranchit ».

PLAN

A. Il s'agit de la liberté morale qui consiste non pas dans la possibilité d'accomplir tous les actes extérieurs, mais dans le pouvoir moral de choisir par intention précise les actes que nous voudrions accomplir.

B. Croire que cette liberté n'existe pas, c'est renoncer à toute vie personnelle, se résigner à n'être dans l'univers qu'une parcelle soumise, comme toute matière, aux lois fatales de la force.

C. Au contraire, dans l'homme, l'idée qu'il est libre, quand bien même, en fait, cette liberté n'existerait pas, donne à sa vie un caractère d'indépendance, le soustrait ainsi à la fatalité; tel celui qui se croit riche agit en riche.

D. Pour ce faux riche il y a le risque d'un mécompte : quand son illusion cesse, il retrouve la pauvreté et il doit compte de son illusion à ceux qu'elle a pu tromper et léser. — Pour l'homme qui se croyant libre agit comme s'il l'était, aucun risque, puisque l'effet de cette croyance aura été d'améliorer, de moraliser sa vie par l'éveil de sa conscience et par la notion de la responsabilité, et que par là, loin de nuire, il aura été porté à faire du bien aux autres,

E. L'affranchissement commence donc pour nous au moment où nous concevons que notre volonté peut se décider par notre libre choix.

RÉFÉRENCE

L'existence de la liberté n'est qu'une vérité de sentiment, et non pas de discussion; il est facile de s'en convaincre. Car le sentiment de notre liberté consiste dans le sentiment du pouvoir que nous avons de faire une action contraire à celle que nous faisons actuellement; l'idée de la liberté est donc celle d'un pouvoir qui ne s'exerce pas au moment où nous le sentons : cette idée n'est donc qu'une opération de notre esprit, par laquelle nous séparons le pouvoir d'agir d'avec l'action même, en regardant ce pouvoir oisif (quoique réel) comme subsistant pendant que l'action n'existe pas. Ainsi la notion de la liberté ne peut être qu'une vérité de conscience. En un mot la seule preuve dont cette vérité soit susceptible est analogue à celle de l'existence des corps : des êtres réellement libres n'auraient pas un sentiment plus vif de leur liberté que celui que nous avons de la nôtre; nous devons donc croire que nous sommes libres.

D'ALEMBERT.

EXEMPLE DU SENTIMENT DE LIBERTÉ

Vous dites que je ne suis pas libre, et qu'il n'est pas au pur choix et au gré de ma volonté de remuer ma main ou de ne pas la remuer : s'il en est ainsi, il est donc déterminé nécessairement que, d'ici à un quart d'heure, je lèverai trois fois la main de suite, ou que je ne la lèverai pas ainsi trois fois. Je ne puis donc rien changer à cette détermination nécessaire. Cela supposé, en cas que je gage plutôt pour un parti que pour l'autre, je ne puis gagner que d'un côté, c'est-à-dire du côté où je gagerai que je ne la lèverai pas trois fois. Si c'est sérieusement que vous prétendez que je ne suis pas libre, vous ne pouvez jamais sensément refuser une offre que je vais vous faire : c'est que je gage mille pistoles contre vous une, que je ferai, au sujet du mouvement de ma main, tout le contraire de ce que vous gagerez, et je vous laisserai prendre à votre gré l'un ou l'autre parti. Si vous gagez que je lèverai la main, je gage, moi, que je ne la lèverai pas; et si vous gagez que je ne la lèverai pas, je gage mille pistoles contre une que je la lèverai. Est-il offre plus avantageuse? Pourquoi donc n'acceptez-vous jamais la gageure, sans passer pour un fou et sans l'être en effet? Que si vous ne la jugez pas avantageuse, d'où peut venir ce jugement, sinon de celui que vous formez nécessairement et invinciblement que je suis libre?

BUFFIER.

6. — Degrés de la conscience morale.

Montrer la vérité et la délicatesse de cette pensée de Daniel Sterne :

« Nos remords ne sont pas en proportion de nos fautes, mais en proportion des vertus qui nous restent ».

A. Le remords est une douleur provenant d'un jugement de la conscience condamnant nos actes volontaires ou nos intentions.

a) Remords, signe de vitalité de la conscience.

b) Plus la faute est grave, plus les fautes sont nombreuses, moins notre conscience garde d'empire sur nous.

B. Deux causes de cette impuissance de la conscience : ou insuffisamment éclairée par l'intelligence elle juge mal la moralité, ou par la répétition même des fautes la sensibilité morale s'atrophie : plus les fautes augmentent, plus les remords diminuent.

C. Variation inverse.

a) Plus il reste de vertus dans l'âme, plus la conscience demeure capable de discerner le bien du mal; plus son jugement influe sur la sensibilité morale, plus cette sensibilité conserve la faculté de s'émouvoir.

b) Ce qui explique que les honnêtes gens éprouvent des remords sévères pour de légers écarts de conduite, tandis que le malfaiteur, coutumier du crime, finit par tuer sa conscience elle-même et s'exempter de tout remords.

7. — Valeur de la conscience.

SUJET

La conscience morale est-elle un guide complet et suffisant? Est-ce nous disculper que de répondre aux critiques de nos actions : « J'ai obéi à ma conscience »?

PLAN

A. La conscience morale n'est pas une faculté simple. Elle participe à la fois de la raison et de la sensibilité.

a) De la sensibilité : satisfaction morale, remords.

b) De la raison : jugements sur nos actes et nos intentions, sur les actes et sur les intentions d'autrui.

B. Elle est naturelle en ce sens que tous les hommes à l'état normal sont doués de conscience morale : la nature ne fait que nous en donner l'élément premier, elle ne la donne point parfaite.

C. La sensibilité est la faculté la plus variable et la plus différente.

La même cause peut donc produire, en tant que fait sensible, des effets très dissemblables, chez différents individus. Dans le même individu la conscience, en tant que sensibilité morale, peut devenir tour à tour très délicate ou très endurcie.

D. Au point de vue du jugement, l'application d'un principe vrai à un acte particulier peut être défectueuse. — La passion, l'intérêt, même de choses élevées, peuvent altérer la notion précise du bien. Ex. : le *fanatisme*.

E. Par quels moyens éviter ces égarements de la conscience?

a) D'abord être de bonne foi avec soi-même.

b) Puis éliminer des cas particuliers les circonstances accessoires, accidentelles; les généraliser et les comparer au principe absolu du Bien.

c) Pratique de l'examen de conscience.

En un mot *faire l'éducation de la conscience.*

F. L'affirmation de la conscience ne touche que la moralité de l'intention, elle ne légitime pas le fait.

G. Conclusion. — Ne jamais agir contre sa conscience, mais ne se croire justifié par son approbation que si cette conscience a reçu une éducation telle que nous soyons sûrs en lui obéissant d'avoir obéi à la raison et de réaliser la justice.

8. — Responsabilité.

SUJET

Est-il possible à l'homme d'apprécier sa propre responsabilité et d'apprécier aussi la responsabilité d'autrui?

PLAN

A. La responsabilité est le caractère d'un agent qui doit rendre compte de ses actes et par suite en recevoir la récompense ou le châtiment.

B. Pour apprécier la responsabilité d'un être quelconque, il faut donc pouvoir reconnaître le caractère des actes accomplis et de plus la situation morale de l'agent.

    a) L'acte en lui-même est-il bon ou mauvais? Nécessité de faire la différence du bien ou du mal; bien absolu, mal absolu; bien moral, mal moral.

    b) Situation morale de l'agent; pour la déterminer il faut connaître sa capacité intellectuelle, ses facultés naturelles, sa capacité morale (instruction et éducation); et enfin ses intentions.

C. Pour se juger lui-même l'homme possède la conscience. Il n'ignore ni ses actes, ni ses intentions. Il se juge en proportion de son éducation; tant vaut sa conscience, tant vaut le jugement qu'il porte sur sa responsabilité.

D. Difficulté plus grande pour apprécier la responsabilité d'autrui.

    a) La connaissance des faits est possible, mais non certaine.

b) La connaissance des intentions est plus incertaine :

c) Le juge peut se tromper ou être trompé.

d) Conséquence : nécessité d'une instruction et d'une expérience spéciales, pour s'assurer de la réalité des faits et pour discerner les intentions d'après les témoignages.

Conclusion. — La conscience individuelle juge en dernier ressort la responsabilité personnelle; — l'appréciation de la responsabilité d'autrui n'étant pas infaillible, peut être sujette à nouvel examen.

RÉFÉRENCE

On juge des intentions par les actions. Vous me direz qu'il est impossible d'en juger autrement, et moi je vous réponds avec saint Jérôme que c'est pour cela qu'il n'en faut pas juger du tout. Changeons la position, exprimons-la en d'autres termes. On juge des actions sans en connaître les principes, qui sont les motifs et les intentions; ou plutôt, on devine les motifs et les intentions pour avoir droit d'interpréter et de censurer les actions. Je vous demande, mes chers auditeurs, s'il est rien de plus téméraire et de plus inique : car de raisonner comme l'homme mondain, à qui saint Augustin fait dire : « J'observe la manière d'agir, et de la manière d'agir je conclus pourquoi l'on agit », c'est un abus, reprend ce saint docteur, puisqu'il est évident que la même chose peut être faite par cent motifs tous différents les uns des autres, et que ces différents motifs en doivent fonder autant de jugements tout opposés. En effet quand Madeleine répandit les parfums sur les pieds du Sauveur du monde, ce fut par un mouvement de piété, et les apôtres l'accusèrent de prodigalité.

Pourquoi vous qui me jugez, de deux intentions que je puis avoir, n'imputerez-vous celle qui vous plaît surtout si celle que vous m'imputez est celle que je désavoue? Pourquoi de deux intentions, l'une bonne, l'autre mauvaise, prétendez-vous que c'est la mauvaise, à l'exclusion de la bonne, que je me suis proposée? Laissez-moi mon secret, disait Isaïe, puisqu'il est à moi, et ne vous exposez pas en voulant y rentrer, à tomber dans des erreurs dont il sera difficile que votre conscience ne soit pas blessée. En un mot souvenez-vous de la belle maxime de saint Bernard, que l'homme en mille rencontres est si peu d'accord avec lui-même et que ce qui se passe dans lui est souvent si contraire à ce qui part de lui, que jamais on ne peut bien juger, ni de ses actions par ses intentions, ni de ses intentions par ses actions.   BOURDALOUE.

C'est à l'habitude des actions qui lui sont utiles qu'un particulier donne le nom de « probité », je dis, des actions, parce qu'on n'est point juge des intentions. Comment le serait-on? une action n'est presque jamais l'effet d'un sentiment; nous ignorons souvent nous-mêmes les motifs qui nous déterminent. Un homme opulent enrichit un homme estimable et pauvre; il fait sans doute une bonne action; mais cette action est-elle uniquement l'effet du désir de faire un heureux? La pitié, l'espoir de la reconnaissance, la vanité même, tous ces divers motifs, séparés ou réunis, ne peuvent-ils pas à son insu l'avoir déterminé à cette action louable? Or, si le plus souvent on ignore soi-même les motifs de son bienfait, comment le public les apercevrait-il? Ce n'est donc que par les actions des hommes que le public peut juger de leur probité.

Je conviens que cette manière de juger est encore fautive. Un homme a par exemple vingt degrés de passion pour la vertu, mais il aime; il a trente degrés d'amour pour une femme, et cette femme en veut faire un assassin : dans cette hypothèse, il est certain que cet homme est plus près du forfait que celui qui n'ayant que dix degrés de passion pour la vertu, n'aura que cinq degrés d'amour pour cette méchante femme. D'où je conclus que de deux hommes, le plus honnête dans ses actions est quelquefois le moins passionné pour la vertu.

HELVÉTIUS.

SUJETS A TRAITER

I. — Tout citoyen français peut être appelé à siéger comme membre du jury en cour d'assises. Quelles sont les qualités nécessaires pour juger la responsabilité d'autrui?

II. — Quels sont les faits que l'on peut qualifier faits moraux? A quels caractères les reconnaît-on?

III. — La bonne intention est-elle la seule chose au monde qui ait une valeur par soi-même, quel qu'en soit l'effet? Serait-elle ainsi la suffisante justification de toute action?

IV. — Est-il des concessions que l'on puisse accorder aux prétentions des fatalistes et des déterministes sans détruire ou compromettre le principe même de la liberté morale? (*Principes de Philosophie scientifique et de Philosophie morale*, 2ᵉ partie, ch. vii).

V. — De même que la loi positive détermine la personnalité civile, déterminez comment se constitue la personnalité morale.

VI. — Examiner cette pensée de Vauvenargues : « La conscience est la plus changeante des règles ».

VII. — Expliquer et discuter cette pensée de Pascal : « La science des choses extérieures ne me consolera pas de l'ignorance de la morale au temps d'affliction, mais la science des mœurs me consolera toujours de l'ignorance des sciences extérieures ». (*Pensées*, art. vii.)

VIII. — Déterminer la distinction du bien moral et du bien absolu, du mal moral et du mal absolu, et choisir des exemples dans l'histoire et les œuvres littéraires.

IX. — Un jour, dans les rues d'Athènes, Socrate rencontre un jeune homme dont la physionomie décèle les plus heureuses dispositions. Il lui barre, en plaisantant, la rue avec son bâton, lui demande s'il sait où se vendent le pain, la viande, les chaussures, etc. Le jeune homme répond sans hésitation à toutes ces questions. Mais à celle-ci : « Où apprend-on à devenir honnête homme et bon citoyen? » l'adolescent reste muet. « Suis-moi donc, je te l'enseignerai, répond Socrate, car il est honteux, quand on sait tant de choses, d'ignorer la plus importante de toutes. » Xénophon (c'était le nom du jeune disciple) fit honneur aux leçons de son maître.

Exposer sommairement les principes que dut

apprendre le jeune homme pour devenir honnête homme et bon citoyen.

X. — On devient, dans un laps de temps déterminé, un bon artisan, un savant naturaliste, un adroit gymnaste, etc. Est-il, à votre avis, un temps déterminé qui suffise à rendre complète l'éducation morale et à former un homme vertueux?

II

LES FINS DE LA VIE HUMAINE

LE BONHEUR. — LE DEVOIR. — LA VERTU

---

1. — Le devoir.

SUJET

Gœthe a-t-il nettement défini le devoir en disant :
« Le devoir consiste à aimer ce que l'on se commande
à soi-même » ?

PLAN

A. Caractère essentiel de l'idée de « devoir » : OBLIGA-
TION.
    a) Obligation appropriée, sans doute, à notre nature,
      mais indépendante de nos goûts;
    b) Nos goûts doivent se subordonner au devoir.
B. Trois degrés de soumission à l'obligation.
    1° Accomplir son devoir, en quelque condition que
      ce soit : c'est bien.
    2° Ne l'accomplir que faute de pouvoir s'y soustraire,
      c'est moins bien et ce n'est cependant pas mal.
      A un certain point de vue on peut même soutenir
      qu'il y a plus de mérite à accomplir un devoir qui
      répugne à nos goûts.
    3° Parvenir, par l'éducation morale, à aimer son
      devoir quel qu'il soit, à l'accomplir avec joie par
      cela seul qu'il est le devoir : c'est l'excellente
      moralité.

C. Gœthe a donc bien dit si « ce que l'on se commande à soi-même » représente exactement et complètement la loi morale.

    a) Cela suppose que ce commandement c'est, comme Kant l'a défini, le commandement de la raison, universelle, absolue, identique. Gœthe ne l'a sûrement pas entendu autrement.

    b) Si, en effet, « ce que l'on se commande à soi même » signifie le goût individuel, le caprice, voire la vocation, la proposition devient défectueuse. En ce sens elle perdrait même toute signification morale, car cela reviendrait à dire que le devoir consiste à aimer ce qui nous plait.

D. La pensée de Gœthe s'élève plus haut ; sans affaiblir le principe du devoir tel que Kant le définit, il a voulu exprimer que l'obéissance froide au commandement de la raison n'est point, comme l'enseigne Kant, l'idéal du devoir : il faut de plus aimer son devoir, l'accomplir non par amour, mais avec amour.

2. — La vertu et le bonheur.

SUJET

« La vertu seule, dépouillée de tous les avantages extérieurs, suffit, prétendent les stoïciens, au souverain bonheur de l'âme, et le vice, fût-il accompagné de l'abondance, le rend infiniment malheureux.

« Un péripatéticien convient que le crime et le vice suffisent pour corrompre le bonheur de l'homme, mais soutient que, pour une félicité complète, il faut, avec la vertu, la santé, la beauté, l'aisance domestique, la réputation et tous les autres dons de la fortune et de la nature. »

Examiner ces deux opinions et choisir la meilleure.

PLAN

A. Le principe du stoïcien est que cela seul qui dépend de nous importe au bonheur.

a) Il dépend de nous d'être vertueux, il ne dépend pas de nous d'être ou riche ou bien portant, ou renommé ou beau, Incertitude d'acquérir ces avantages, incertitude de les garder:

b) On ne nie pas qu'ils puissent être agréables, on ne veut pas admettre qu'ils soient indispensables au bonheur.

B. Le péripatéticien ne dit pas qu'ils suffisent au bonheur, mais il nie que la vertu par elle-même assure à l'homme le bonheur.

Il est difficile de soutenir que l'homme vertueux soit parfaitement heureux au milieu des souffrances et des tourments soit physiques, soit moraux qui résultent des injustices, de la maladie, de la misère, etc.

C. Pourtant l'élévation de la pensée et la fermeté de la volonté, conséquence naturelle de la vertu, donnent le courage de supporter les infortunes de toutes sortes. Le plaisir sublime de penser le bien et de le faire peut même rendre insensibles aux maux extérieurs tout de même qu'indifférent aux biens et avantages du monde.

D. De ces deux opinions, celle du péripatéticien ralliera la majorité des âmes vulgaires; celle du stoïcien, les âmes fortes et clairvoyantes la ratifieront et la mettront en pratique.

Le principe stoïcien est plus sûr et plus efficace pour le bonheur et la dignité de l'individu et pour la paix et la beauté morale de la société.

RÉFÉRENCE

Le bonheur, dit le stoïcien, est aussi opposé au malheur que le vice l'est à la vertu : pourquoi donc cherchez-vous à éluder la force victorieuse qui résulte de l'opposition des objets contraires? Pourquoi dire que le vice seul peut altérer la félicité la plus enviée, et nier que la vertu seule puisse rendre l'homme véritablement heureux? Comment se peut-il que le même philosophe, sans se contredire, soutienne que le vice seul porte nécessairement le trouble dans le cœur, et qu'il ne veuille pas admettre que la vertu seule peut y faire naître la paix et le bonheur?

Le subtil péripatéticien répondit avec beaucoup de finesse : « Qu'il me soit permis, sans vous offenser, de faire une simple question : Pensez-vous qu'on puisse dire, voilà un flacon de vin, s'il y manque la huitième partie de la liqueur? — Non, dès qu'il n'est pas plein. — Cette huitième partie lui rend donc son nom, puisqu'il le perd lorsque cette mesure manque, et qu'il le recouvre avec elle? Mais si c'est une absurdité de dire que la huitième partie d'un flacon était le flacon entier, en est-ce une moindre d'avancer que la vertu seule fait le bonheur de la vie, parce qu'il ne peut jamais y en avoir sans elle? »

On ne peut disconvenir, dit alors Favorin, en jetant un coup d'œil sur le disciple d'Aristote, que cet argument, qu'on trouve dans quelques écrits de votre école, ne soit très ingénieux et très adroit; mais vous sentez qu'il renferme plutôt un sophisme captieux qu'une preuve solide et une analogie convaincante. Car, enfin, cette huitième partie de la liqueur qui manque empêche à la vérité que le flacon ne soit plein; mais lorsqu'on la restitue, ce n'est point cette mesure qui fait le flacon entier, elle n'en est que le complément : au lieu que suivant la maxime fondamentale du Portique, la vertu n'est ni un accessoire ni un supplément du bonheur, mais seule, elle est, pour ainsi dire, la béatitude elle-même, et par conséquent, seule, elle rend l'homme complètement heureux.

AULU-GELLE.

3. — L'honneur et le devoir.

SUJET

Comparer l'honneur et le devoir comme principes d'action; l'homme d'honneur et l'homme de devoir.

PLAN

A. L'honneur est un principe qui nous détermine à faire les actions qui nous relèvent d'abord à nos propres yeux, et aussi aux yeux des autres, et à éviter celles qui nous abaissent.

    a) Il suppose la connaissance préalable des actions propres à nous relever ou à nous abaisser.

    b) Diverses façons d'entendre l'honneur; il est subordonné aux mœurs et coutumes, lesquelles changent suivant les temps et les lieux, donc il est relatif, conventionnel, local et variable.

B. Le devoir est une loi formelle dictée par la raison. C'est lui qui détermine ce qu'il faut faire ou ne pas faire.

    a) Il ne peut y avoir différentes façons de définir le devoir.

    b) Il est le même pour tous et toujours, évident et absolu.

    c) Il peut arriver que le devoir et l'honneur se contredisent. Exemple : *L'honneur ordonne en telle société la vengéance, le duel ; le devoir les interdit ; de même l'honneur défend à certaines castes le travail, le devoir l'ordonne à tous.*

    d) L'honneur ne suffit pas à régler toutes les difficultés morales; le devoir n'en laisse aucune insoluble.

C. L'homme d'honneur conforme sa direction morale et ses actions aux usages consacrés d'une société déterminée, ou se déclarant seul juge de son honneur se tracera une règle de conduite distincte et de l'opinion commune et de la loi morale.

    a) Conséquences :

        1° L'honneur sera parfois plus exigeant que le devoir et rendra obligatoires des sacrifices que n'impose pas la loi morale. Exemple : *Le père qui paie les dettes de son fils majeur, ou le fils qui paie les dettes de son père dans des circonstances où il n'y est obligé ni légalement ni moralement.*

        2° Par contre, sans forfaire à l'honneur, on se permettra des actes réprouvés par la loi morale. Exemple : *Le jeu.*

    b) L'homme d'honneur prend pour guide sa propre estime et même est capable de la préférer à l'estime publique, de sacrifier à son honneur ses intérêts, ses passions. En cela l'honneur a quelque rapport avec la vertu, mais il n'est pas la vertu même : *il n'est pas désintéressé.*

D. L'homme de devoir prend pour règle de sa conduite la loi du bien indépendante de toute influence, soit de l'amour-propre, soit de l'opinion publique.

    a) La soumission au devoir peut nous faire sacrifier même de notre grandeur, même de ce que nous appelons notre honneur, par exemple lorsqu'il commande l'*aveu des fautes.*

b) L'homme de devoir n'admet aucune transaction avec la loi absolue du bien.

E. L'homme d'honneur agit en songeant à lui-même, l'homme de devoir en songeant à la vertu désintéressée.

Ils ont ceci de commun qu'un idéal moral est pour eux supérieur aux intérêts matériels et à la satisfaction de la sensibilité.

Conclusion. — Le devoir ne commande jamais rien de contraire à l'honneur; mais l'honneur peut ne se confondre pas avec le devoir, et même s'en écarter. *L'homme de devoir* est sûr de garder intact son honneur; il se peut que *l'homme d'honneur* ne remplisse pas tout son devoir.

4. — La fausse vertu.

SUJET

Analyser cette pensée de Joubert : « La vertu par calcul est la vertu du vice ».

PLAN

A. La vertu est l'effort constant de la volonté pour obéir avec lumière et avec amour au commandement de la raison.

   a) Son caractère essentiel, c'est le désintéressement.
   b) Cette condition du désintéressement est si nécessaire que nous reconnaissons surtout la vertu dans un homme lorsqu'elle le fait agir contre ses propres intérêts par respect de la loi du bien.

B. Cependant des philosophes, ne tenant compte que des bons effets pratiques de la vertu (tranquillité d'esprit, bien-être physique, estime publique, sécurité sociale), ont pu soutenir qu'il faut être vertueux, mais parce que notre intérêt bien entendu nous le conseille. Ce n'est que l'apparence de la vertu; dessous c'est l'égoïsme d'autant plus odieux qu'il est plus réfléchi.

C. De plus, c'est tromper que d'emprunter les formes de la vertu pour les faire servir à l'intérêt ou à la passion (hypocrisie).

D. C'est avilir la vertu elle-même.

Conclusion. — La pensée de Joubert est donc juste et l'expression en est exactement significative.

5. — Le mérite et le bonheur.

SUJET

Quel principe moral La Bruyère a-t-il enveloppé dans cette maxime : « Il entre dans la composition de tout bonheur l'idée de l'avoir mérité »?

PLAN

A. Tout bonheur se compose de deux éléments :

    1° La circonstance heureuse en elle-même (fait positif, signe extérieur d'estime ou d'admiration, objet matériel, bénéfice ou profit);

    2° La satisfaction intime d'un succès remporté grâce à l'effort, au talent, etc.

  a) Se contenter de la possession du résultat, jouir de l'élément extérieur du succès, sans avoir rien fait pour l'obtenir, indice d'une âme commune, inerte.

  b) Le propre de l'âme est d'être active, sa valeur est dans l'effort; sa joie, c'est d'avoir atteint le but.

  c) Preuve : différence du prix qu'on attache à un objet trouvé et au même objet acquis à beaux deniers, ou mieux obtenu en récompense.

B. Pour toute âme un peu élevée la satisfaction réelle et durable provient non pas des conséquences du succès, mais du succès lui-même déterminé par le courage et par le talent.

  a) Tout avantage qui n'est dû qu'à la faveur ou au hasard, ne peut ni flatter l'amour-propre, ni satisfaire entièrement le naturel désir du bonheur.

  b) Bien loin donc d'en jouir pleinement, l'homme digne de ce nom ressent d'un bonheur immérité une sorte de gêne, presque de honte.

Conclusion. — Un seul moyen sûr de goûter le bonheur : le gagner par la vertu.

6. — Le droit et la force.

Que signifie cette parole d'un philosophe contemporain (ALFRED FOUILLÉE) :

« Le droit moral ne doit pas en renonçant à la force matérielle se désarmer lui-même volontairement »?

PLAN

A. Le droit est le pouvoir moral que tout être naturellement possède d'atteindre sa fin légitime.

    a) Cette fin légitime, c'est le développement de ses facultés jusqu'au point le plus près de la perfection tel qu'il ne nuise point à autrui et qu'il serve au contraire au perfectionnement de l'humanité en même temps qu'au perfectionnement de l'individu.

    b) Ce droit appartient non seulement à la personne individuelle mais aussi à la personne humaine collective (*cité, nation, état*).

B. La force est un pouvoir extérieur qui s'exerce sur les choses.

    a) Si la force est odieuse quand elle opprime le droit, elle n'est point condamnable en soi, puisqu'elle peut produire l'œuvre bonne aussi bien que la mauvaise.

    b) C'est juger d'une façon incomplète et inexacte que de proscrire absolument la force à cause de l'abus qui parfois en fut fait.

    c) La force est aussi le soutien du droit; elle revêt un caractère moral lorsqu'elle est employée à le défendre.

C. Rappel de la définition stoïcienne : « Le courage est la vertu armée pour l'équité ».

    a) Cette définition fait comprendre l'utilité honnête de la force et en règle l'usage.

b) Laisser le droit dépourvu du secours de la force, c'est abandonner le monde à l'audace des malfaiteurs.

c) Sur ce point, conclusion fournie par cette pensée de Pascal : « La justice sans la force est impuissante ; la force sans la justice est tyrannique. Il faut donc mettre ensemble la justice et la force, et pour cela faire que ce qui est juste soit fort et que ce qui est fort soit juste. »

D. Conséquences pratiques : nécessité pour l'individu et pour les sociétés d'acquérir et d'entretenir la force nécessaire à l'exercice du droit de défense.

a) L'individu : — développement physique : force musculaire, adresse, entraînement à la fatigue, sobriété, continence ; — développement intellectuel : instruction générale, éducation technique, science de la vie ; — développement moral : formation du caractère, résistance à la douleur, énergie persévérante de la volonté.

b) La société : organisation de la police et de l'armée ; — possession des moyens de défense : — connaissance exacte de ses forces et de celles des sociétés concurrentes. Éducation nationale : développement du sentiment patriotique, — conscience de son droit à l'existence, — mesures de prévoyance : s'assurer la paix en se tenant toujours prête à la guerre.

c) Principe de conduite commun aux individus et aux sociétés : notion et respect pratique du droit, qui prouvent qu'ils n'usent de la force que par nécessité, pour se défendre de l'injustice.

7. — L'instinct d'imitation.

SUJET

L'instinct d'imitation constaté en tous les hommes à des degrés divers est-il plus avantageux que nuisible à la formation de la moralité?

PLAN

A. L'instinct d'imitation, comme tout instinct, appartient à la partie inférieure de la nature humaine.

 a) Celui-là n'est pas mauvais en soi, il prédispose à imiter indifféremment tous les actes.

 b) Il sera un secours ou un obstacle à la moralité selon les circonstances.

B. L'individu entouré d'exemples du vice risque de devenir vicieux par imitation. — Nécessité évidente de corriger l'instinct d'imitation.

C. L'exemple des actions vertueuses n'est propre à perfectionner la moralité que s'il existe en nous une disposition à les imiter.

 a) L'éducation consiste en partie à proposer à l'enfant, à l'homme des modèles de vertu.

 b) Nécessité du concours de l'instinct d'imitation.

D. Mais c'est n'acquérir qu'une faible vertu que de n'être vertueux en fait que par la seule influence de l'instinct.

 a) La véritable vertu est un effort de la volonté éclairée par la raison.

 b) On peut obtenir l'imitation des belles actions par un principe supérieur à l'instinct, par le raisonnement, la persuasion, la conscience.

E. Conclusion. — Impossibilité de supprimer totalement l'instinct d'imitation, donc obligation de veiller à écarter les mauvais exemples, à multiplier les bons.

 a) Dans ces conditions, cet instinct aidera à l'éducation : toutefois, même en cette condition, il n'est qu'un moyen inférieur de former la moralité, puis-

qu'il peut faire produire les actes bons sans parti-
cipation de l'intelligence ni de la volonté.

b) Exercice pratique d'éducation personnelle : ramener
sa réflexion sur tout acte instinctif et le comparer
aux actes qu'aurait commandés la raison.

8. — Les apparences morales.

SUJET

Pierre a tous les défauts, mais en secret ; il passe
pour honnête et recueille tous les avantages de l'honnêteté, sans refuser satisfaction à ses vices ; Paul est
rigoureusement vertueux, mais sa vertu est méconnue,
ses meilleures intentions sont suspectées et ses
actions les plus méritoires tournées contre lui comme
des méfaits.

Duquel des deux le sort vous paraît-il préférable ?

N. B. — Le plan et les éléments du développement se trouvent dans les
fragments suivants, la thèse et l'antithèse ; il s'agira non de reproduire
littéralement les opinions citées, mais de s'en inspirer.

RÉFÉRENCE

A. Le parfait honnête homme méconnu et le parfait
malfaiteur triomphant.

Je ne vois qu'un moyen de prononcer sûrement sur la condition des deux hommes dont nous parlons : c'est de les considérer à part l'un et l'autre dans le plus haut degré de justice
et d'injustice. Pour cela n'ôtons au méchant aucune part de
l'injustice, aucune part de la justice à l'homme de bien, mais
supposons-les l'un et l'autre parfait dans le genre de vie qu'il a
embrassée. Que le méchant semblable à ces pilotes habiles ou
à ces grands médecins qui voient tout d'un coup jusqu'où leur
art peut aller, qui prennent sur-le-champ leur parti sur le
possible et l'impossible, et qui lorsqu'ils ont fait quelque
faute, savent adroitement la réparer ; que le méchant, dis-je
conduise ses entreprises injustes avec tant d'adresse, qu'il ne

soit découvert; car s'il se laisse surprendre en faute, ce n'est plus un habile homme. Le chef-d'œuvre de l'injustice est de paraître juste sans l'être. Donnons-lui donc, comme je l'ai dit, une injustice parfaite; qu'en commettant les plus grands crimes il sache se faire la réputation d'honnête homme; et s'il vient à faire un faux pas, qu'il puisse se relever aussitôt; qu'il soit assez éloquent pour persuader son innocence à ceux devant qui ses crimes mêmes l'accuseront; assez hardi, assez puissant, soit par lui-même, soit par ses amis, pour emporter par la force ce qu'il ne pourra obtenir autrement.

Mettons à présent vis-à-vis de lui l'homme de bien, dont le caractère est la franchise et la simplicité, l'homme, comme dit Eschyle :

> Plus jaloux d'être bon que de le paraître.

Otons-lui même la réputation d'honnête homme; car s'il passe pour tel, il sera en conséquence comblé d'honneurs et de biens; et nous ne pourrons plus juger s'il aime la justice pour elle-même ou pour les honneurs ou les biens qu'elle lui procure. En un mot, dépouillons-le de tout, hormis de la justice; et pour mettre entre lui et l'autre une parfaite opposition, qu'il passe pour le plus scélérat des hommes, sans avoir commis la moindre injustice; de sorte que sa vertu soit mise aux plus rudes épreuves, qu'elle ne soit ébranlée ni par l'infamie ni par les mauvais traitements; mais que jusqu'à la mort il marche d'un pas inébranlable dans les sentiers de la justice, passant toute sa vie pour un méchant, tout juste qu'il est. C'est à la vue de ces modèles, l'un de justice, l'autre d'injustice consommée, que je veux que l'on prononce sur le bonheur du juste et du méchant.

Le juste, tel que je l'ai dépeint, sera fouetté, torturé, on lui brûlera les yeux; enfin après lui avoir fait souffrir tous les maux, on le mettra en croix, et par là on lui fera sentir qu'il ne faut pas s'embarrasser d'être juste, mais de le paraître. C'est bien plutôt au méchant qu'on doit appliquer les paroles d'Eschyle; parce que ne réglant pas sa conduite sur l'opinion des hommes et s'attachant à quelque chose de réel et de solide, il ne veut point paraître méchant, mais l'être en effet :

> Son habileté féconde
> Enfante en abondance les plus beaux projets.

Avec la réputation d'honnête homme, il a toute autorité dans l'État; il s'allie lui et ses enfants aux meilleures familles, il for ne toutes les liaisons qu'il lui plaît. Outre cela, il tire avantage de tout parce que le crime ne l'effraie point. A quelque chose qu'il prétende, soit en public, soit en particulier, il l'emporte sur tous ses concurrents; il s'enrichit, fait du bien à ses amis, du mal à ses ennemis, offre aux dieux des sacrifices et des présents magnifiques, et se concilie la bienveillance des dieux et des hommes bien plus aisément et plus sûrement que le juste : d'où l'on peut conclure, avec vraisemblance, qu'il est aussi plus chéri des dieux. C'est ainsi, Socrate, que les partisans de l'injustice prétendent que la condition de l'homme injuste est plus heureuse que celle du juste, qu'on l'envisage du côté des dieux ou du côté des hommes.

PLATON.

B. Harmonie du bonheur et de la vertu. — Un philosophe contemporain, Vacherot, en donne cette démonstration.

Tant que l'homme est debout il lui reste la conscience et la vertu, la conscience avec ses impérieuses lois, la vertu avec ses joies incomparables, même au sein des plus cruelles épreuves. Nous ne sommes pas de ces optimistes qui calculent le bonheur comme une équation arithmétique, le mesurant à la somme des jouissances quelconques, réunies pêle-mêle, plaisirs des sens, plaisirs de l'âme, plaisirs de l'intelligence, et trouvent, tout compte fait, que chacun a sa part de bonheur proportionnel à ses mérites. A ce compte, on trouverait, nous le craignons, beaucoup d'heureux scélérats et de justes misérables. Le bien-être n'est pas le bonheur; il est la propriété de tous les méchants plus que des bons. Le bonheur, comme la vertu, comme la perfection dont il est le sentiment intime, tient à des idées, à des affections incompatibles avec la sensualité, l'égoïsme, la perversité, la dégradation, l'infamie.

Nous ne disons point avec Zénon que la douleur n'est pas un mal, que le plaisir n'est pas un bien; mais nous croyons ce mal et ce bien non moins indifférent au vrai bonheur qu'à la perfection. Aussi notre raison ne comprend-elle point cette justice étroite que notre sensibilité froissée réclame du Créateur, et qui consisterait à rendre plaisir pour vertu, douleur pour crime. C'est la balance de la justice humaine, justice fondée sur un rapport dont la mesure nous semble aussi facile à trouver que la quadrature du cercle. La vertu et le vice sont choses qui ne s'évaluent pas en plaisirs et en peines physiques. L'homme souffre plus qu'il ne jouit, direz-vous; donc il mérite une compensation. — Pourquoi cela? Si vous ne considérez que l'être sensible, en l'homme, l'animal aussi souffre plus qu'il ne jouit. — Qui s'en inquiète? — Mais si le juste souffre plus que le méchant, ne faut-il pas que l'équilibre soit rétabli? La question pour le juste n'est pas dans le bien-être, mais dans la dignité de la vie. Or, quand avez-vous vu un juste malheureux selon le monde, regretter sa vertu et vouloir troquer sa destinée contre celle du méchant heureux? Telle cause vaincue compte bien des victimes. En est-il une seule qui voulût faire l'échange de sa noble misère contre telle fortune du jour? C'est que le sentiment du devoir accompli est un miel dont l'âme ne veut plus détacher ses lèvres, une fois qu'elle y a goûté, quelles que soient les amertumes qui empoisonnent les bords de la coupe; quand ce prix ne suffit pas à l'homme, quand il espère les récompenses ou craint les châtiments des hommes ou de Dieu, c'est un signe de la faiblesse de son sens moral. La vertu, la perfection est comme le Dieu de Fénelon; elle veut être aimée pour elle-même, et cet amour suffit au bonheur de ceux qui s'y vouent.

C. Ce n'est pas pour acheter le bonheur que l'honnête homme cultive la vertu; néanmoins il proteste et a le devoir de protester contre des maux immérités.

Aussi est-ce surtout l'honnête homme malheureux qui sent la nécessité d'une sanction parfaite de la justice au-delà de la vie.

SUJETS A TRAITER

I. — Comment faut-il comprendre qu'il est nécessaire d'être vertueux pour être heureux ?

II. — Les stoïciens avaient-ils raison de recommander la suppression de toute passion ?

III. — A supposer que l'intérêt bien entendu fasse agir exactement comme le devoir, n'y aurait-il pas encore une infériorité dans le premier de ces principes, telle qu'un homme de bonne foi, qui le prendrait pour règle, n'atteindrait pas réellement sa fin ?

IV. — Comment appréciez-vous au point de vue du principe moral, l'action connue de Polycrate, roi de

Samos, qui, inquiet de trop de bonheur, jette dans la mer son anneau, auquel il attache, pour des raisons diverses, un grand prix, afin de se causer volontaire ment un chagrin qui soit comme la rançon de son bonheur passé, et la préservation d'un malheur plus grand?

V. — Qu'est-ce qu'une âme forte?

VI. — Que penser de cette réponse que font certaines personnes pour se dérober aux éloges : « Je n'ai pas de mérite, je n'ai fait que mon devoir »?

N'est-ce point précisément l'accomplissement du devoir qui constitue le mérite?

VII. — Jean-Frédéric, électeur de Saxe, étant tombé entre les mains de l'empereur Charles V, répondit à ce prince qui le menaçait de lui faire couper la tête : « Votre Majesté impériale peut faire de moi tout ce qu'elle voudra, mais elle ne me fera jamais peur ». En effet quand on vint lui annoncer son arrêt de mort, il en fut si peu troublé, qu'il dit au duc de Brunswick, avec lequel il jouait aux échecs : « Achevons notre partie ».

De quelles qualités morales se compose une si sereine fermeté?

VIII. — Expliquer cette pensée de Joubert : « Il y a un droit du plus sage, mais pas un droit du plus fort ».

III

L'INDIVIDU

---

1. — Que suis-je?

SUJET

Analyser l'antique maxime : « Connais-toi toi-même » et montrer que son application est la première condition de la moralité.

PLAN

Examen des conditions générales et des conditions particulières de la personnalité; des causes permanentes qui la caractérisent, et des causes accidentelles ou passagères qui la modifient.

A. — CONDITIONS GÉNÉRALES : MES ANTÉCÉDENTS, CE QUE JE SUIS OU PUIS ÊTRE PAR HÉRÉDITÉ
- 1° Caractères communs de l'humanité.
- 2° Caractères particuliers physiques et moraux.
  - a. de ma race.
  - b. de ma famille.

B. — CONDITIONS PERSONNELLES PERMANENTES
- *Physiques.*
  - Constitution.
  - Tempérament.
  - Santé.
- *Morales.*
  - Dispositions instinctives.
  - Inclinations prédominantes.
  - Aptitudes
  - Répugnances } naturelles.
  - Facultés générales.
  - Leur degré.
    - Sensibilité
    - Intelligence.
    - Activité.

C. — CONDITIONS PERSONNELLES ACCIDENTELLES
- *Physiques.*
  - Maladie.
  - Régime alimentaire.
  - Exercices de travail.
  - Influence des climats.
- *Morales.*
  - Éducation première.
  - Éducation continuée.
  - Fréquentations.
  - Goûts et sentiments.
  - Passions.

D. EXAMEN DES FORMES PERSONNELLES DES FACULTÉS GÉNÉRALES

Sensibilité.

1° *Sensations.*
Par quels sens les sensations les plus vives? les plus fréquentes?
Degré du plaisir et de la douleur.
Epreuve de la capacité d'endurer la souffrance.
2° *Sentiments.*
Quelles affections tendent à se développer le plus?
Par quelles causes?
Expériences de résistance et de réforme.

Intelligence.

Quelles perceptions extérieures sont les plus nettes? — Education des sens.
Perception intime: disposition à s'analyser soi-même.
Puissance ou impuissance d'attention et de réflexion.
Association des idées: par quels rapports s'opèrent-elles le plus ordinairement?
Les associations spontanées.
Examen de la mémoire.
Examen de l'imagination.
Observation de la justesse naturelle ou de la naturelle déviation du raisonnement.
Discernement de la tournure prédominante de l'esprit et de la vocation.
Aptitude à concevoir les idées générales et les idées absolues.

Activité.

Observation des mouvements instinctifs.
Expériences de répression de ces mouvements par la volonté.
Décomposition des actes volontaires: discernement des motifs.
Observation du rapport entre la faculté de vouloir et le pouvoir d'agir.
Être libre ou se croire libre et dans quelle mesure?
Idée de la responsabilité issue de la connaissance d'un acte libre.
Habitudes: les distinguer des instincts; en reconnaître l'origine et les effets. — Essai de modification.

E. MORALITÉ DE LA PERSONNE

Elle résulte de la conscience d'être une personne distincte du tout, sentant, pensant, agissant par elle-même en vue d'une fin qui lui est propre.

RÉFÉRENCE

Chaque homme devrait être attentif aux différentes périodes de la vie; il devrait se comparer à lui-même en différents temps, tenir registre de ses sentiments particuliers, de sa manière d'être, en observer les changements à de courts intervalles, et tâcher de suivre les variations dans l'état physique qui correspondent à ces irrégularités dans l'état moral. S'examinant ensuite, dans des périodes peu éloignées, il comparerait ses principes, sa manière générale de voir dans un temps déterminé avec les idées qu'il avait dans un autre. Si on avait ainsi divers mémoires faits par des observateurs d'eux-mêmes, quelle lumière rejaillirait sur la science de l'homme!... Si chacun, de plus, avait déterminé à peu près son tempérament, et les altérations qu'il a éprouvées, on pourrait connaître, par la comparaison, les rapports de ses sentiments moraux avec les états divers de la machine, et par un relevé général, déterminer quel est le caractère moral correspondant à tel ou tel tempérament et résoudre à peu près ce problème insoluble : tel état physique étant donné, déterminer l'état moral, et *vice versâ*.

Mais comment un tel projet pourrait-il s'effectuer? Les hommes, toujours occupés des objets extérieurs, n'existent que hors d'eux-mêmes; ils répugnent presque tous à s'occuper d'eux. C'est au point qu'il est difficile de leur persuader lorsqu'ils changent de goût, de caractère, que ces changements leur appartiennent; ils sont toujours portés à attribuer à ce qui les entoure leurs propres variations. Au lieu de songer à ce qui reçoit les sensations, ils font tout dépendre des objets de ces sensations, comme s'il y avait dans ces objets quelque chose de réel. De là viennent les faux calculs de bonheur. On se dit : Un tel est heureux parce qu'il possède tel bien, sans demander quel est l'état de son cœur. Je serai parfaitement heureux, dit un autre, lorsque j'aurai atteint un tel degré de fortune. — Il ne réfléchit pas que dans ce temps, peut-être, il sera disposé de manière à ne pouvoir apprécier aucune des jouissances qu'il se promet.

MAINE DE BIRAN.

2. — Le respect de soi-même.

SUJET

Quels sont les moyens propres à inspirer à l'homme le respect de soi-même?

PLAN

A. Distinguer le respect de soi-même de l'amour-propre, de la fatuité, de l'orgueil.

    a) Le respect de soi-même consiste dans le discernement, le développement et le maintien de la dignité morale.

b) Se respecter soi-même, c'est donc s'interdire tout
ce qui, dans la tenue extérieure, et dans l'attitude
morale est de nature à diminuer notre estime à
nous-même et la considération d'autrui (apparence
corporelle, gestes, paroles, opinions, sentiments).

B. La première condition pour se respecter soi-même
c'est de bien connaître sa nature et sa valeur.

a) L'homme, être sensible, doit s'accoutumer à dominer
les impressions de la sensibilité, afin d'éviter de
manifester une ridicule facilité à s'émouvoir, —
éviter également l'endurcissement, et la sentimen-
talité déviée vers des objets indignes (ex. : amour
excessif des bêtes; par contre, plaisir brutal des
combats d'animaux).

b) L'homme, être intelligent, doit prendre conscience
de ses facultés afin d'en préserver la dignité,
écarter tout ce qui par sa faute ou par la faute
d'autrui l'amoindrirait (langage, tour habituel d'esprit, choix des fréquentations, des lectures, des
spectacles, etc.).

c) L'homme, être libre, doit sauvegarder le respect de
soi-même par l'exercice de la volonté qui le soustrait
d'une part aux causes personnelles de dégradation
(instinct, passions vulgaires, etc.), et d'autre part
aux empiétements de la volonté d'autrui.

d) Tenir compte de ce qu'exige la situation propre à
chaque individu, et de ce que commandent le lieu
et le moment. Observation des convenances.

C. Règle générale : Éloigner de la pensée les tableaux
des faiblesses et des perversions de l'homme, l'entretenir
habituellement des mérites et des vertus qui font sa supériorité : inspirer ainsi à chacun le respect de soi-même,
sans le pousser à la fatuité, car ce qu'alors il respecte en
lui-même, c'est l'Homme.

RÉFÉRENCE

COMMENT ON SE FAIT INJURE A SOI-MÊME

L'âme de l'homme ne saurait s'infliger une plus cruelle injure
à elle-même que de devenir en quelque sorte un rebut et
comme une superfétation de l'univers. Or prendre jamais en
mal quoi que ce soit dans ce qui arrive, c'est se révolter contre

la nature universelle, qui renferme les natures si diverses de tous les êtres.

En second lieu, notre âme ne se fait guère moins de tort quand elle prend un homme en aversion et qu'elle s'emporte contre lui dans l'intention de lui nuire, avec cette passion aveugle des cœurs livrés à la colère.

Troisièmement notre âme se fait injure quand elle se laisse subjuguer par le plaisir ou la souffrance. Quatrièmement quand elle commet quelque mensonge et qu'elle fait ou dit quelque chose qui n'est pas franc ou qui n'est pas exact. Cinquièmement enfin lorsqu'elle néglige de diriger vers un but précis ses actes ou ses sentiments, et qu'elle les laisse aller à l'aventure et sans suite, tandis que c'est notre devoir de calculer nos moindres actions en les rapportant au but suprême de la vie. Or le but suprême de la vie pour les êtres doués de raison, c'est de se conformer toujours à la raison, aux lois de la cité la plus auguste (c'est-à-dire *le monde moral*) et du plus auguste des gouvernements (c'est-à-dire *celui de la raison*).

MARC-AURÈLE

3. — L'amour-propre.

SUJET

Examiner cette question de Vauvenargues :

« Est-il contre la raison et la justice de s'aimer soi-même ? et pourquoi voulons-nous que l'amour-propre soit toujours un vice ? »

PLAN

A. La raison n'interdit pas de s'aimer soi-même ;
   a) Principe de conservation personnelle.
   b) Accord de la raison et de la nature.
B. La justice ne condamne pas tout intérêt personnel.
   a) Il peut même être injuste de négliger le soin de notre personne individuelle, puisque cette négligence nous rend parfois incapable de remplir pleinement nos devoirs envers autrui.
   b) En même temps cette négligence nous fait perdre de notre dignité.

C. L'amour-propre est un vice lorsqu'il devient le principe exclusif de la conduite : il se confond souvent alors avec la vanité et l'égoïsme.

D. Ce serait un autre excès et par conséquent un autre vice de supprimer tout amour-propre, cette suppression équivalant bientôt à l'abandon de l'estime de soi-même et du souci de l'estime d'autrui.

E. Il semble donc qu'il faudrait distinguer deux sortes ou tout au moins deux degrés d'amour-propre : l'un nuisible et blâmable, l'autre utile à la moralité, donc louable.

RÉFÉRENCE

Il ne faut pas confondre l'amour-propre et l'amour de soi-même, deux passions très différentes par leur nature et par leurs effets. L'amour de soi-même est un sentiment naturel qui porte tout animal à veiller à sa propre conservation, et qui, dirigé dans l'homme par la raison, et modifié par la pitié, produit l'humanité et la vertu. L'amour-propre n'est qu'un sentiment relatif, factice, et né dans la société, qui porte chaque individu à faire plus de cas de soi-même que de tout autre, qui inspire aux hommes tous les maux qu'ils se font mutuellement, et qui est la véritable source de l'honneur [1].

J.-J. ROUSSEAU.

4. — Le progrès personnel.

SUJET

Quel est le principal but auquel l'homme doit tendre en développant sa culture intellectuelle ?

De quelle façon doit-il comprendre qu'il améliore son sort par l'instruction et l'éducation ?

PLAN

A. L'objet de l'intelligence est la connaissance de la vérité : mais elle ne l'atteint qu'à certaines conditions : obser-

---

1. *L'honneur conventionnel.*

vation, réflexion, raisonnement; il faut apprendre à observer, réfléchir, raisonner.

a) La connaissance de la vérité n'est pas seulement une occupation spéculative; c'est la vie morale; le bien est la vérité en action.

b) Impossibilité de séparer l'instruction et l'éducation : leur but commun c'est le perfectionnement moral.

B. Cependant de l'instruction résultent des avantages positifs :

a) D'une part, progrès scientifiques rendus profitables à l'industrie, au commerce, à la santé, à la défense militaire, etc. (bien-être, hygiène, médecine, armement, etc.).

b) D'autre part, pour chaque individu, l'instruction générale ou spéciale favorise, suivant son degré, le progrès de sa situation dans la société.

C. Ces avantages ne sont que secondaires, ils sont aléatoires.

a) C'est une erreur de n'envisager l'instruction que comme un moyen d'élévation sociale; la considérer ainsi, c'est à la fois préparer des déceptions à l'individu et ravaler la dignité de l'instruction elle-même.

b) *Avantages certains.* Par la connaissance scientifique, non seulement élimination ou atténuation des maux physiques, mais communion plus directe de l'homme avec la nature; — par la science morale, discernement du juste et de l'injuste, préservation possible de la faute, de ses conséquences pénibles : — par la culture esthétique, plaisir sûr et sans frais : *La nature et l'art, qui sont des choses mortes pour l'homme qui n'a pas d'instruction, sont des choses vivantes pour celui qui se donne la peine de s'instruire* (LABOULAYE); — par l'éducation générale, qui polit les mœurs et forme le caractère, on se rend plus agréable à soi-même et aux autres : de là confiance et sympathie de nos semblables.

c) *Avantage supérieur.* L'instruction nous prépare une vie intérieure indépendante des événements du dehors; c'est comme un refuge de consolation, une source de forces lorsque la vie extérieure apporte des mécomptes. — Force morale qui préserve des concessions honteuses, du découragement et du désespoir.

D. Conclusion. — L'instruction et l'éducation améliorent la condition de l'homme non pas en lui garantissant des promotions dans l'ordre social, mais en lui donnant une plus grande valeur personnelle en quelque situation qu'il occupe. Le bénéfice en est double pour lui-même et pour la société.

5. — Hygiène intellectuelle et morale.

SUJET

« On fausse son esprit, sa conscience, sa raison, comme on gâte son estomac », a dit Chamfort.

Expliquer comment; indiquer les remèdes à ce mal.

PLAN

A. Gâter son estomac c'est lui rendre pénible ou impossible la digestion.

    a) Par quoi? la quantité, la qualité des aliments, la façon de les ingérer (irrégularité, précipitation, intempérance).

    b) On se guérit par un régime approprié à l'une ou à l'autre des causes de la maladie.

B. L'esprit se nourrit d'idées, de sentiments.

    a) On le gâte.

      1° Par l'insuffisance ou la mauvaise direction de l'acquisition des idées, par l'habituelle inattention, par les lectures indiscrètes, par la recherche abusive du brillant et de l'imprévu, par le goût de la contradiction et du sophisme, par tout ce qui dénature la vérité.

      2° Par l'exagération et la perversion des sentiments.

    b) Remède. Discipline intellectuelle : — application. — Méthode rationnelle de Descartes et méthode expérimentale de Bacon et de Stuart Mill. Se prémunir contre les sophismes (voir à l'Appendice le résumé du chapitre de Nicole). Avoir le courage de reconnaître, d'avouer et de rectifier les erreurs de ses opinions. — Surveiller l'origine et le développement des sentiments. Règle : ne donner point pour base au jugement le sentiment; n'admettre un sentiment que fondé et justifié par un jugement régulier et sincère.

C. La conscience doit nous faire juger le bien et le mal, nous faire éprouver la satisfaction morale ou le remords.

  a) On la gâte par tous les sophismes qui tendent à déformer l'idée du bien, afin de justifier à nos propres yeux d'abord, puis aux yeux d'autrui, nos passions, nos intérêts, nos défaillances. — Esprit de parti, fanatisme.

  b) Remède. Pratique quotidienne de l'examen de conscience. Bilan moral. Analyse des intentions et de leurs origines. Sincérité avec soi-même. Expiation volontaire des fautes : s'infliger à soi-même la punition. Redressement de la conscience par la considération du bien pur substituée à celle des circonstances personnelles et accidents passagers.

D. La raison a pour objet la vérité, pour fonction de nous faire comparer nos idées avec la vérité, nos actions avec le bien, nos œuvres avec le beau.

  a) On la fausse par l'abus du raisonnement qui consiste à recourir aux subtilités pour masquer une erreur; par la soumission injustifiée aux autorités contestables, par l'esprit de révolte contre les autorités légitimes, par l'acceptation d'un défectueux critérium de certitude.

  b) Remède. Quant au fond d'abord retour à la bonne foi; — quant à la forme, réduction des argumentations aux lois du raisonnement et de la démonstration. Critique attentive et désintéressée des autorités. Eviter également d'affecter l'orgueil et le mépris de la raison.

6. — Le courage.

Qu'est-ce que le courage ? Quelles en sont les différentes formes ? Comment devient-on courageux ?

A   *finitions.* — Le courage est la vertu armée pour l'équité.

  a) L'idée de vertu implique :

    1° Connaissance et possession de soi-même ;

    2° Idée d'effort et même de lutte ; d'un effort non pas accidentel, passager, mais persévérant, constant ;

    3° Le désintéressement.

  b) Son but ne peut être que la justice et l'équité, ce qui signifie également la lutte contre l'injustice.

B. Le courage passif et le courage actif.

  a) Passif. 1° Force de résignation, domination des révoltes de l'égoïsme ;

    2° Se soumettre aux choses inévitables ;

    3° Ne pas confondre soumission et résignation avec abandon de soi-même.

  b) Actif. Formes du courage dans la vie civile et dans la vie militaire.

    1° Dans la vie civile : courage dans la vie privée et courage dans la vie publique. Courage civique (exemples historiques).

    2° Dans la vie militaire : cette vertu exige plus d'abnégation, plus d'ardeur, et par contre, sauf pour les chefs, moins de sang-froid. — Courage collectif : entraînement. — Courage individuel : sang-froid. Courage du soldat : subordination, discipline. Courage de l'officier : plus réfléchi, — notion exacte du danger, — plus communicatif par l'exemple. — Exemples à citer.

Observation. — La vie militaire peut n'être que momentanée, la vie civile est de tous les instants. Le militaire même n'est pas en dehors de la vie civile et doit posséder les deux formes essentielles du courage.

Le courage n'est vraiment le courage que s'il est complet et permanent.

C. L'acte de courage consiste spécialement à nous faire risquer pour une noble cause la perte de nos biens, de notre liberté, de notre vie. Comment devenir courageux ?

> *a)* Nécessité d'accoutumer l'esprit à ne penser que de belles pensées ; connaissance et respect de la justice, connaissance et respect de la charité (dévouement).
>
> *b)* De bonne heure s'accoutumer à surmonter l'instinct, à réduire ses besoins, à écarter toute passion dont l'objet ne serait pas conforme à la dignité humaine ; à supporter la douleur.
>
> *c)* N'attacher qu'une importance médiocre aux avantages matériels, à la faveur des hommes, grand souci de la dignité personnelle.
>
> *d)* Exercice de la volonté : s'habituer graduellement à l'idée du danger, accomplir progressivement des actes périlleux. Il en résulte une plus grande assurance et par là même on acquiert du sang-froid.
>
> *e)* Influence morale des exemples des grands hommes : biographie. Le culte des héros.

7. — Tempérance et modération.

SUJET

Un enfant plonge sa main dans un vase à gorge étroite qui renferme des noisettes ; il remplit sa main tant qu'elle en peut tenir, et ne la pouvant retirer pleine se met à pleurer. « Mon enfant, laisses-en la moitié, tu retireras ta main assez garnie. » (Épictète.)

Quelle leçon de morale se dégage de cet apologue et du conseil d'Épictète à l'enfant ?

PLAN

A. Il est naturel à l'homme de désirer le bonheur parce qu'il est sensible. Il est naturel qu'il souffre s'il ne l'atteint pas.

a) Deux conditions semblablement défavorables à la réalisation du bonheur.

1° Le chercher en des objets extérieurs indépendants de notre volonté.

2° Ne point proportionner ses désirs à ses moyens.

b) Il est cependant des avantages extérieurs indépendants de la volonté qui contribuent au bonheur : biens matériels, santé, estime publique, etc.

B. Il n'est pas déraisonnable absolument d'en désirer la possession, mais il est certainement déraisonnable d'en vouloir posséder plus que nos capacités n'en assurent l'acquisition.

a) De la sorte ce qui nous en manque nous gâte même le plaisir de ce que nous en obtenons,

b) Il en sera pareillement même si cherchant le bonheur dans ce qui dépend de nous, c'est-à-dire dans la vertu, nous la voulons immédiatement parfaite et désespérons de l'atteindre : elle s'obtient graduellement par une éducation continuelle.

C. Ce qu'Épictète montre, c'est que la règle et la raison suprême du contentement c'est la modération des désirs, la tempérance dans la possession des choses, la notion exacte du rapport entre ce que nous pouvons et ce que nous souhaitons.

8. — Vivre par soi-même.

SUJET

Si l'on vous offrait de pourvoir à vos besoins matériels sous la condition que vous vivrez sans aucune occupation, ne participant à aucune œuvre ni manuelle, ni intellectuelle, ni morale, quel parti adopteriez-vous et pour quelles raisons ?

PLAN

A. Avantages de cette proposition :

a) Suppression du travail pénible,

b) Sécurité de l'existence,

c) Tranquillité d'esprit.

B. Que vaudront ces avantages? Ils n'ont de valeur que si nous pouvons les employer à l'entretien, au développement et à la manifestation de notre personnalité.

C. Or on pose comme condition l'inactivité absolue, par conséquent l'inutilité de la vie et la suppression de toute manifestation de la personnalité.

D. Privation de tous les avantages de l'activité productrice. Bénéfice du travail : développement de l'esprit et du corps. Le plaisir d'agir, l'ennui du désœuvrement.

E. Dignité du travail. Danger corrupteur de l'oisiveté.

    a) Indépendance personnelle garantie par le travail et par le profit légitime du travail.

    b) Au contraire amoindrissement de la dignité et de l'indépendance si l'on accepte de vivre de ressources étrangères.

9. — Le jeu.

SUJET

Que pensez-vous du gain réalisé au jeu ? que pensez-vous du jeu lui-même ?

PLAN

A. Un seul mode honnête et moral d'acquisition des biens-matériels : le travail.

    a) Les formes légales, — première occupation, donation, héritage, — sont légitimes parce qu'elles consacrent le résultat du travail.

    b) Conséquence : rigoureusement le jeu n'étant pas un travail, le gain réalisé par le joueur n'est pas moral.

    c) Besoin naturel de distraction et de délassement.

B. Distinction :

    1° Des jeux d'adresse et des jeux de hasard;

    2° Du jeu désintéressé et du jeu intéressé (spéculation);

    3° Du jeu accidentel ou habituel.

    a) Les jeux d'adresse sont licites, et le prix ou la

récompense que gagne le vainqueur est honorable :
littéralement il a produit un travail.

b) De façon générale le jeu de hasard est immoral : il
suggère le dégoût du travail en faisant paraître le
gain facile.

c) Réserve sur le jeu de hasard simple amusement
désintéressé et accidentel.

C. Vice irrémissible du jeu de hasard : il fait entrer
dans l'esprit l'idée de la soumission au hasard, — incline
au fatalisme. L'homme libre est coupable quand il aban-
donne au hasard un moment de sa vie.

D. Le gain réalisé au jeu est en fait légitime si le jeu fut
loyal. Convention des parties.

a) Cette légitimité légale ou de fait n'efface pas son
immoralité originelle, ni ses conséquences démo-
ralisantes.

b) Passion funeste : met constamment l'homme à deux
doigts de sa perte; le détourne du travail, et
dérègle toute la vie; lui fait perdre la notion de la
valeur exacte de l'argent; par suite le prédispose à
en faire un mauvais emploi.

c) Le jeu habituel devient profession honteuse : ne représente aucune capacité propre, utile à l'individu
ou à la société; ne donne aucune sécurité à l'individu, le démoralise également par le gain en le
poussant à la prodigalité, — par la perte en le
jetant au désespoir. — Dans l'un et l'autre cas, le
joueur est objet de scandale.

E. Conclusion. — Condamnation des jeux de hasard
habituels et lucratifs; — réprobation même du jeu de
hasard désintéressé et accidentel. Préférence pour les jeux
d'adresse et les récréations intellectuelles.

10. — L'expiation.

SUJET

Daniel Sterne a-t-il eu raison de dire : « La plus amère punition de nos fautes, c'est qu'elles nous mettent presque toujours dans la nécessité d'en commettre de nouvelles »?

Par quelles qualités l'homme peut-il se soustraire à cette prétendue nécessité et par conséquent éviter qu'une faute commise le précipite dans une autre?

PLAN

A. Deux points essentiels :

Le premier : savoir pourquoi une faute commise nous entraîne dans une autre. — Le deuxième : savoir quelles qualités sont nécessaires pour éviter cette conséquence.

1er point. — *a)* Après la faute commise double inquiétude du coupable, crainte de l'humiliation d'être reconnu coupable et appréhension des conséquences positives de cette culpabilité : réparation du dommage et châtiment. — Conséquence : tendance à la dissimulation, à la négation de la responsabilité : mensonge.

    b) En fait enchaînement logique des fautes : la paresse amène le dénûment; le dénûment pousse au vol, le voleur surpris devient assassin.

2o point. — Comment se préserver de cette déchéance?

    a) Habitude de l'examen de conscience et de la sincérité avec soi-même; ne point s'innocenter trop facilement à ses propres yeux.

    b) Notion exacte de la responsabilité personnelle; développement du sentiment de la dignité attachée à la revendication de cette responsabilité personnelle.

    c) La franchise, la loyauté; l'une nous fait reconnaître nos torts, l'autre nous empêche de laisser un autre les supporter.

4

d) Idée de l'expiation volontaire. Savoir se donner à soi-même une punition pour la faute commise, même quand elle pourrait échapper à la connaissance d'autrui.

B. Conclusion. — *a*) Par cette discipline morale, si nous ne sommes pas absolument garantis de toute défaillance, au moins nous pouvons arrêter l'entraînement d'une première faute à d'autres fautes.

b) Daniel Sterne a raison de qualifier cet enchaînement des méfaits « la plus amère punition de nos fautes », car il nous fait sentir notre progressive dégradation et nous ôte l'espoir d'une réhabilitation morale ; — mais Sterne a tort de dire que c'est une *nécessité* ; nous avons le pouvoir de nous soustraire à l'empire de la faute par le COURAGE.

11. — Le suicide.

SUJET

Résolu à défendre la place de Verdun, le commandant Beaurepaire fut par le duc de Brunswick sommé de se rendre. Impuissant à changer la détermination de la municipalité qui voulait capituler : « Eh bien ! s'écria-t-il, je fais le serment de mourir plutôt que de me rendre », et il se brûla la cervelle.

Ce suicide doit-il être approuvé ?

PLAN

A. L'homme a naturellement horreur de la mort ; beaucoup en ont peur, de là première disposition à prendre pour un acte de courage la mort volontaire.

a) Le sacrifice volontaire de la vie est, en effet, ce qu'il y a de plus admirable lorsqu'il a pour but l'intérêt commun et le salut d'autrui.

b) Le suicide accompli dans le désespoir et pour éviter, soit la souffrance physique, soit la souffrance morale, n'est pas un acte de courage, c'est la marque suprême du découragement.

B. A quelle catégorie doit être rattaché le suicide du commandant Beaurepaire? Sa mort est-elle plus utile que nuisible?

    a) Même dans la défaite, y a-t-il plus d'honneur pour un chef militaire à se supprimer en laissant à d'autres la responsabilité du commandement?

    b) N'est-ce pas, au contraire, mieux comprendre l'honneur que de supporter l'humiliation d'une capitulation inévitable, afin de relever la dignité des soldats que l'on commande et de ménager pour l'avenir des défenseurs à la patrie quand les vaincus pourront reprendre les armes?

    c) Mauvais exemple donné aux subalternes. Chacun pouvait sentir aussi vivement l'humiliation de capituler, contagion possible du suicide.

C. Le motif qui détermine Beaurepaire est certainement plus noble que celui pour lequel accomplirait un acte analogue le joueur qui a perdu au jeu et n'a pas le courage de s'astreindre au travail et aux privations afin de solder ou réparer sa perte.

    a) Cependant le cas de Beaurepaire ne fait pas exception à la règle qui condamne le suicide.

    b) Il prouve à la fois la générosité de son âme et la défaillance de cette âme généreuse.

Conclusion. — Beaurepaire s'est trompé dans l'interprétation de l'honneur et du devoir.

RÉFÉRENCE

Regarde les beaux temps de la République (romaine), et cherche si tu y verras un seul citoyen vertueux se délivrer ainsi du poids de ses devoirs, même après les plus cruelles infortunes. Régulus retournant à Carthage prévint-il par sa mort les tourments qui l'attendaient? Que n'eût point donné Posthumius pour que cette ressource lui fût permise aux Fourches Caudines? Quel effort de courage le Sénat même n'admira-t il point dans le consul Varron pour avoir pu survivre à sa défai ? Par quelle raison tant de généraux se laissèrent-ils volontairement livrer aux ennemis, eux à qui l'ignominie était si cruelle et à qui il en coûtait si peu de mourir? C'est qu'ils devaient à la patrie leur sang, leur vie et leurs derniers soupirs, et que la honte ni les revers ne les pouvaient détourner de ce devoir sacré.   J. J. ROUSSEAU, *Julie ou la Nouvelle Héloïse.*

12. — Constance et fermeté.

SUJET

Montrez la justesse d'observation et la force de conseil contenues dans le dicton : « Le chagrin ne paie pas les dettes ».

PLAN

A. Chagrin, peine d'esprit. — Causes : espérances trompées, revers de fortune, deuil intime, malheurs publics. — Effets : dépression des facultés, alourdissement de l'intelligence, ralentissement de l'activité.

B. Ces effets, excusables au premier moment : compassion ; mais la prolongation amène l'abattement, l'inertie, négligence des intérêts nécessaires.

Conséquences : enchaînement logique de nouveaux mécomptes, donc nouveaux chagrins ; cercle vicieux.

C. Réaction nécessaire : effort de la volonté pour reprendre la direction des facultés.

Examiner les différents cas et la façon d'y remédier :

1º Déception individuelle : recommencer l'entreprise, et faire mieux en discernant les causes de l'échec ;

2º Revers de fortune : travailler avec énergie, avec ordre, et vivre avec économie ; unique moyen de payer ses dettes et de refaire sa position ;

3º Malheurs publics : — considérer que l'effort propre de chaque citoyen est le seul moyen de les réparer et de les prévenir : gémir n'améliore rien ;

4º Les coups de la mort sur nos parents, nos amis : songer qu'ils sont inévitables ; résignation ; honorer les défunts, et vivre avec et pour les vivants.

13. — L'emploi du temps.

SUJET

Volney disait à Napoléon Ier : « Les veilles sont une fausse arithmétique du temps ».

N'exprimait-il ainsi qu'un conseil d'hygiène?

PLAN

A. Le conseil d'hygiène est le plus apparent : nécessité du repos et du sommeil. — Délassement physique, détente intellectuelle.

B. Le bon travail est celui que l'on accomplit avec des forces fraîches. — Le travail trop prolongé use davantage les forces, se fait moins vite et moins bien.

C. Conséquences des veilles : épuisement de l'attention et de l'énergie (nerveuse et musculaire), — échauffement du sang, — prédisposition créée aux maladies, — calcul comparatif du peu de temps gagné aux veilles, et de tout le temps perdu dans les indispositions et maladies qui en résultent. — Les excès de travail n'augmentent pas le revenu, ils ruinent la santé, abrègent la vie, donc réduisent le produit total de l'énergie laborieuse.

D. Conséquences dans la vie morale : répercussion des troubles physiques sur les facultés mentales : impatience, irritation, lassitude de l'esprit; de là propension au découragement; — on devient désagréable aux autres et à soi-même. — Cette déviation du caractère peut aller jusqu'à l'injustice; — la suite, c'est le mécontentement de soi, le remords.

E. Conclusion. — Rapport intime de l'hygiène physique et de l'hygiène morale; règlement exact de la vie et de l'emploi des forces; une âme saine dans un corps sain.

14. — L'intempérance et l'alcoolisme.

SUJET

« Savez-vous ce que boit cet homme dans ce verre qui vacille en sa main tremblante d'ivresse ? Il boit les larmes, le sang, la vie de sa femme et de ses enfants. » Montrez que ces énergiques paroles de Lamennais n'ont rien d'exagéré.

PLAN

A. Le faux plaisir de l'ivresse d'autant plus dangereux que les occasions en sont plus fréquentes; multiplicité des débits de boisson, bas prix apparent des liqueurs, entraînement des camarades, fausse opinion que l'alcool réchauffe et ranime; tentation mauvaise de s'oublier soi-même et d'oublier ses peines dans l'abrutissement de l'ivresse.

B. Effets funestes de l'ivresse :
a) Dépense d'argent; conséquence, privation du nécessaire; la misère pour soi-même et pour ceux dont on a la responsabilité.
b) Perte de temps, — elle est double, le temps passé à boire, et le temps pendant lequel l'ivresse rend l'homme incapable de travail, d'où accroissement de misère.
c) Indispositions et maladies causées par l'intempérance; nouveau compte de perte de temps et d'argent; inquiétudes infligées à la famille.
d) Affliction de tous ceux qui nous sont attachés par la nature ou par l'amitié.
e) Défaveur du vice et discrédit qui en résulte, et pour l'intempérant lui-même et pour sa famille.
f) Risque du châtiment légal et honte qui le suit.
g) L'ivresse équivaut à la folie, et provoque des actes criminels ou délictueux; fureur alcoolique.
h) Risque de transmettre à ses descendants les tares de l'ivrognerie.

C. L'ivrogne fait couler les larmes de sa famille, épuise
son sang, car il emploie à boire l'argent dont il devrait la
nourrir; il en détruit la vie, à tous les points de vue,
— physique, moral, social, quand il ne va pas jusqu'à la
détruire par le meurtre.

15. — Rapport de la vie individuelle et de la vie collective.

SUJET

Peut-on accepter comme caractérisant et déterminant les devoirs de l'homme envers lui-même cette
proposition de Littré :

« Aussitôt que la vie individuelle prend conscience
d'elle-même son but est d'agrandir et d'orner la vie
collective »?

PLAN

A. Proscrire de la culture individuelle l'égoïsme; —
contribution obligatoire de l'individu au progrès du bien-
être et à l'amélioration morale de la société.

　　a) Il se rend capable de cette contribution par son
　　　éducation, son instruction, son perfectionnement
　　　général.

　　b) Proscrire également l'absorption totale de l'individu
　　　par la société; — excès de la proposition de Littré.
　　　— La collectivité n'existe pas sans les individus;
　　　l'individu existe encore isolé en dehors de toute
　　　société et il a encore ainsi des devoirs envers lui-
　　　même.

B. Caractériser, c'est reconnaître et énoncer les qualités
propres d'une chose ou d'une personne; — caractériser
des devoirs, c'est en marquer l'origine, la raison d'être
et le but.

　　a) La proposition donnée ne caractérise pas complète-
　　　ment les devoirs individuels.

　　b) Elle est exclusive et le but qu'elle indique est bien

le but supérieur de ces devoirs : ce n'en est pas
le but unique.

C. Déterminer, c'est circonscrire les limites d'une chose
ou d'une idée.

> a) La proposition énoncée indique bien le double
> effet du devoir individuel; les termes : « *agrandir*
> et *orner* la vie collective » portent le sens de l'amé-
> lioration matérielle et du perfectionnement moral.
>
> b) Mais ce n'est pas une détermination suffisante; pour
> obtenir la précision de l'étendue de ses devoirs, il
> faut, en effet, considérer l'individu comme une fin
> en lui-même, puis comme un élément coopérant
> à la fin de la société, et non pas comme n'ayant
> d'autre valeur que celle d'un facteur partiel de la
> vie collective.

Conclusion. — La vraie forme des devoirs individuels se
découvre à qui prend soin de ne sacrifier ni la vie individuelle à la vie collective, ni celle-ci à celle-là, et d'établir
entre elles l'harmonie par la justice.

RÉFÉRENCE

LA CITÉ ANTIQUE ABSORBE L'INDIVIDU

Il n'y avait rien dans l'homme qui fût indépendant. Son corps
appartenait à l'État et était voué à sa défense; à Rome, le
service militaire était dû jusqu'à cinquante ans, à Athènes
jusqu'à soixante, à Sparte, toujours. Sa fortune était toujours à
la disposition de l'État; si la cité avait besoin d'argent, elle
pouvait ordonner aux femmes de leur livrer leurs bijoux, aux
créanciers de leur abandonner leurs créances, aux possesseurs
d'oliviers de lui céder gratuitement l'huile qu'ils avaient fabri-
quée.

La vie privée n'échappait pas à cette omnipotence de l'État.
La loi athénienne, au nom de la religion, défendait à l'homme
de rester célibataire. Sparte punissait non seulement celui qui
ne se mariait pas, mais même celui qui se mariait tard.... A
Rhodes et à Byzance, la loi défendait de se raser la barbe.

L'État avait le droit de ne pas tolérer que les concitoyens
fussent difformes ou contrefaits. En conséquence, il ordonnait
au père à qui naissait un tel enfant de le faire mourir. Cette
loi se trouvait dans les anciens codes de Sparte et de Rome.
Nous ne savons pas si elle existait à Athènes. Nous savons seulement qu'Aristote et Platon l'inscrivirent dans leurs législations

idéales. L'Etat n'admettait pas qu'un homme fût indifférent à ses intérêts; le philosophe, l'homme d'étude n'avait pas le droit de vivre à part. C'était une obligation qu'il votât dans l'Assemblée et qu'il fût magistrat à son tour.

Il s'en fallait de beaucoup que l'éducation fût libre à Athènes. Il n'y avait rien au contraire où l'Etat tint davantage à être maître. A Sparte, le père n'avait aucun droit sur l'éducation de ses enfants, et Platon dit le motif de cette exigence : les parents ne doivent pas être libres d'envoyer ou de ne pas envoyer leurs enfants chez les maitres que la cité a choisis; car les enfants sont moins à leurs parents qu'à la cité. L'Etat considérait le corps et l'âme de chaque citoyen comme lui appartenant; aussi voulait-il façonner ce corps et cette âme de manière à en tirer le meilleur parti.

La liberté de penser à l'égard de la religion de la cité était absolument inconnue chez les anciens. Il fallait se conformer à toutes les règles du culte, figurer dans toutes les processions, prendre part au repas sacré. La législation athénienne prononçait une peine contre ceux qui s'abstenaient de célébrer religieusement une fête nationale.

L'Etat n'avait pas seulement, comme dans nos cités modernes, un droit de justice à l'égard des citoyens. Il pouvait frapper sans qu'on fût coupable et par cela seul que son intérêt était en jeu. Aristide, assurément, n'avait commis aucun crime, et n'en était même pas soupçonné. L'ostracisme n'était pas un châtiment; c'était une précaution que la cité prenait contre un citoyen qu'elle soupçonnait de pouvoir la gêner un jour. A Athènes, on pouvait mettre un homme en accusation et le condamner pour incivisme, c'est-à-dire pour défaut d'affection envers l'Etat. La vie de l'homme n'était garantie par rien dès qu'il s'agissait de l'intérêt de la cité. La funeste maxime que le salut de l'Etat est la loi suprême a été formulée par l'antiquité. On pensait que le droit, la justice, la morale, tout devait céder devant l'intérêt de la patrie.

FUSTEL DE COULANGES, *Cité antique.*

SUJETS A TRAITER

I. — Quels sont les véritables moyens par lesquels l'homme peut augmenter sa liberté et son indépendance?

II. — Comment comprenez-vous cette pensée de Rivarol :

« Celui-là est toujours libre qui fait, quoique forcé, les choses dont il a besoin, comme un valet sert pour vivre. Mais celui-là est esclave qui est contraint de faire ce dont il n'a pas besoin »?

III. — Examiner l'utilité de la douleur dans l'éducation et pour la formation du caractère en commentant cette maxime : « La douleur est une sentinelle qui nous met en garde contre la destruction ».

IV. — Est-il vrai que se nuire à soi-même c'est ne nuire à personne, et qu'on en trouve la preuve en ce fait que la loi positive n'édicte pas de peine contre celui qui se cause un tort personnel, soit moral, soit matériel ?

V. — « Le meilleur est celui qui se dévoue le plus. Le sacrifice humble, constant, volontaire, fait la vraie dignité humaine. »

Amiel, qui écrit cette affirmation, ajoute :

« Sans l'honnêteté, sans le respect du droit, sans le culte du devoir, sans l'amour du prochain, en un mot sans la vertu, tout est menacé et tout croule, et ce ne sont pas les lettres, les arts, le luxe, l'industrie, la rhétorique, le gendarme, ni le douanier qui peuvent soutenir dans les airs l'édifice qui pèche par la base ».

Faut-il conclure de là qu'il n'y a ni vertu ni dignité sans le renoncement à soi-même ?

VI. — Le fruste et hâve collégien servant Johnson, à la face couturée, devenu l'un des plus célèbres écrivains anglais du xviiie siècle, allait et venait en hiver avec des souliers usés. Un charitable gentleman, étudiant riche, plaça secrètement une paire neuve à sa porte. Le hâve servant les soulève, ces souliers neufs, les considère de près avec ses mauvais yeux, avec quelles belles pensées ! et les jette dehors par la fenêtre.

Apprécier cette action et en découvrir les motifs.

VII. — Apprécier cette proposition :

« Une condition de la vie heureuse, c'est, non seulement, d'exercer une profession ou un métier dont on tire sa subsistance, mais aussi de s'adonner à un art, soit manuel, soit intellectuel, dont on n'attend que le plaisir de faire œuvre selon les règles et selon son goût propre ».

VIII. — Isocrate, philosophe, était à la table de Nicocréon, roi de Chypre ; on le pressait de parler et de fournir à la conversation : « Ce que je sais, dit-il, n'est pas de saison, et ce qui serait ici de saison, je ne le sais pas ».

Quelle est la signification morale de cette réponse ?

IX. — Démontrer, par des exemples choisis parmi les personnages de l'histoire ou de la fiction, l'erreur ou la vérité de cette opinion de Voltaire : « La fierté de l'âme sans hauteur est un mérite compatible avec la modestie. Il n'y a que la fierté dans l'air et dans les manières qui choque. »

X. — Un homme riche et très instruit, ayant fait naufrage, fut jeté presque nu par la tempête sur un rivage inconnu peuplé de sauvages d'un caractère assez doux, mais il ne parvint ni à comprendre leur langage ni à leur faire comprendre le sien. Néanmoins il ne désespéra point et dit : « Je ne mourrai cependant pas de faim, il me reste mes mains ».

Quelle moralité dégagez-vous de cet apologue ?

XI. — De cette maxime du philosophe ancien Photycide : « Ne te nourris pas des restes d'une table étrangère, dois à toi-même ta subsistance et ne l'achète pas au prix de l'ignominie », faire apparaître les règles essentielles de la morale individuelle.

XII. — Développer le sens de cet apophtegme de Franklin : « Il est difficile à un sac vide de se tenir debout ».

XIII. — Montrer la justesse de cet aphorisme de Chamfort : « Le plus riche des hommes, c'est l'économe, le plus pauvre c'est l'avare ». Déterminer à ce propos les caractères d'une honnête épargne et les causes qui font dégénérer l'épargne en avarice.

XIV. — Expliquer et confirmer par des exemples le proverbe turc : « L'homme qui achète ce dont il n'a pas besoin ne tarde pas à vendre ce dont il a besoin ».

XV. — Reconnaître ses défauts c'est apprendre à supporter ceux des autres (*Paris*, C. E. P. S. 1901).

IV

LA FAMILLE

---

1. — Les époux.

SUJET

Le principe de l'égalité morale des époux et la loi positive qui ordonne à la femme d'obéir à son mari sont-ils en contradiction?

PLAN

A. Qu'entend-on par égalité morale? — Au point de vue de la destinée morale une âme en vaut une autre.

  a) Donc proscription de tout système ou institution qui dépossède un être humain de sa personnalité au profit d'un autre.

  b) De là le principe de la monogamie.

B. Les mêmes devoirs imposés aux deux époux, donc présomption d'une égale capacité de les accomplir.

  a) Les mêmes vertus peuvent appartenir, dans la vie domestique, au mari et à la femme.

  b) Mais les fonctions diffèrent, non pas en raison d'une différence de valeur morale, mais en raison de la différence des aptitudes naturelles.

  c) Nécessité d'une direction unique dans la prospérité de toute maison. Par conséquent, nécessité d'une autorité dirigeante.

C. A qui la conférer? A celui des deux époux qui, d'une façon générale et suivant les mœurs et les traditions de la société, doit posséder le plus d'expérience, le plus de connaissances pratiques et a pris en fait le plus d'initiative et de responsabilité dans la fondation d'une famille.

  a) La loi civile, qui impose à la femme l'obéissance à son mari, règle simplement l'ordre des intérêts domestiques.

  b) Elle ne replace pas la femme dans un état de sujétion, sous une autorité maritale despotique; elle prend soin en effet de définir et de limiter l'autorité du mari, de lui imposer en retour des devoirs spéciaux, et de concéder à l'épouse des droits correspondants.

  c) La personne morale de l'épouse n'est pas absolument dépendante de cette autorité.

  D. *Conclusion*. — La loi morale et la loi civile ne sont donc pas en désaccord sur ce point.

2. — L'autorité paternelle.

SUJET

Un père disait de son fils adolescent : « Il craint trop ma sévérité pour commettre la moindre faute volontaire ». Un autre répliquait : « Le mien n'en commettra point davantage par la crainte de m'affliger ».

Lequel des deux pères vous semble avoir mieux compris le caractère et le but de l'autorité paternelle?

N. B. — Pour laisser plus d'initiative à l'élève nous ne donnons pas le plan de ce sujet; les références à lire suffiront, et le renvoi à notre *Cours de morale pratique.*

RÉFÉRENCE

... Quant à l'autorité paternelle, dont plusieurs ont fait dériver le gouvernement absolu et toute la société, sans recourir aux preuves contraires de Locke [1] et de Sidney [2], il suffit de remarquer que rien au monde n'est plus éloigné de cet esprit féroce du despotisme que la douceur de cette autorité, qui regarde plus à l'avantage de celui qui obéit qu'à l'utilité de celui qui commande; que par la loi de nature, le père n'est le maître de l'enfant qu'aussi longtemps que son secours lui est nécessaire, qu'au delà de ce terme, ils deviennent égaux, et qu'alors le fils, parfaitement indépendant du père, ne lui doit que du respect et non de l'obéissance; car la reconnaissance est bien un devoir, mais non pas un droit qu'on puisse exiger.

J.-J. ROUSSEAU.

Il y des pères qui traitent souvent leurs enfants avec empire; ils ne leur rendent jamais justice; ils les outragent sans sujet; au lieu de les soumettre à la raison après les avoir éclairés, ils s'imaginent que la loi inviolable d'un enfant, c'est la volonté d'un père. Mais, le père mort, quelle sera la loi du fils? Ce sera sans doute sa volonté propre; car on ne lui aura point appris qu'il y a une loi immortelle, l'ordre immuable; on ne l'aura point accoutumé à y obéir. Le fils n'attendra pas même le décès du père, sa vieillesse, son impuissance à le tenir dans la servitude, pour se faire à lui-même sa loi. Il la trouvera naturellement dans ses plaisirs, car cette loi injuste et brutale vaut peut-être encore mieux que les volontés d'un père déraisonnable; du moins est-elle plus agréable et plus commode. Un jeune homme en demeurera convaincu dès qu'il en aura goûté la douceur. Et alors, que le père soit mort ou vivant, le jeune homme trouvera bien moyen d'obéir à cette loi et de se soumettre à ses charmes.

Il regardera son père comme son ennemi et son tyran, s'il a encore assez de fermeté pour le troubler dans ses plaisirs, et l'inquiéter dans ses débauches; et convaincu par l'exemple et la conduite du père qu'il faut que tout obéisse à nos désirs, il fera servir toutes les personnes à qui il aura le droit de commander, à les satisfaire; car, encore un coup, il se sentira actuellement heureux en s'abandonnant aux plaisirs, et il n'aura point assez d'éducation et d'expérience pour en appréhender les suites funestes.

Il faut donc conduire les enfants par la raison, autant qu'ils en sont capables. Ils ont tous les mêmes inclinations que les

---

1. Locke, philosophe anglais (1632-1704), qui exerça une influence très profonde sur l'esprit du XVIIIe siècle; il a été l'inspirateur de Rousseau et de Montesquieu, en politique, et tout particulièrement de Rousseau en pédagogie; celui-ci fut provoqué par l'*Éducation des Enfants* du philosophe anglais à composer l'*Émile*.

2. Philippe Sidney, homme d'État et écrivain anglais (1554-1586).

hommes faits, quoique les objets de leurs désirs soient différents, et ils ne seront jamais solidement vertueux, s'ils ne sont
accoutumés à obéir à une loi qui ne meurt pas, si leur esprit,
formé sur la raison universelle, n'est réformé sur cette même
raison rendue sensible par la loi. Qu'un père ne s'imagine pas
que sa qualité de père lui donne sur son fils une souveraineté
absolue et indépendante.

MALEBRANCHE.

3. — Père et enfants.

SUJET

En l'absence de Mateo Falcone, son fils donne asile
à un bandit poursuivi par les gendarmes; puis séduit
par l'appât d'une montre, qui sera le prix de la trahison, il livre le fugitif, devenu l'hôte de la maison.

Mateo, de retour, découvre la conduite de l'enfant,
le juge criminel et, se considérant comme déshonoré
par lui, le tue [1].

Apprécier la moralité de l'acte de Mateo Falcone.

PLAN

A. Solidarité dans l'honneur domestique : le fils pâtit ou
bénéficie de la réputation méritée par son père; la gloire
ou la honte du fils rejaillit sur son père.

    a) L'acte du fils est odieux : la trahison n'est pas une
        étourderie d'enfant *qui ne sait pas*; elle est *inté-*
        ressée.

    b) Chez le père, très vif et très profond sentiment de
        l'honneur : il sent rejaillir sur lui la honte de son
        fils.

B. Double déduction dans l'esprit de Mateo : il est *juste*
que son fils soit puni; il est *juste et nécessaire* qu'il le soit
par Mateo lui-même.

---

1. La lecture du récit de Prosper Mérimée est tout naturellement recom-
mandée.

a) La faute de l'enfant échappe à la répression des lois publiques ; — c'est au père que revient le *devoir* de punir.

b) Le père a le *droit* de châtier l'enfant de telle façon que l'honneur de son nom soit lavé de la tache de trahison.

c) Il ira jusqu'au sacrifice le plus dur pour prouver que la défaillance de l'enfant n'est pas une conséquence des principes ou des exemples qu'il a reçus.

C. Jusque-là le père est dans la vérité ; devoir et droit de punir. Mais de quelle peine ? Déterminer les caractères de la punition *nécessaire, utile, proportionnelle*, issue de la considération impartiale de la justice et non de la passion : colère, vengeance, etc.

a) Exagération barbare du châtiment : à plusieurs points de vue blâmable : 1º parce qu'il ne répare ni n'atténue le mal commis ; 2º parce qu'il ne rend pas meilleur le coupable ; 3º parce qu'il est arbitraire ; 4º parce que chez le justicier l'orgueil égoïste étouffe absolument le sentiment de la paternité.

b) Il se trouve donc que Matéo Falcone a raison d'être indigné de la conduite de l'enfant, et de vouloir qu'il expie ; — et qu'il a tort par l'excès cruel du châtiment qui ne corrige pas son fils.

4. — La dissipation funeste au bonheur domestique.

SUJET

Quelle signification découvrez-vous à ce trait placé par J.-J. Rousseau dans la lettre où il accuse les arts et les lettres, et surtout les spectacles, de gâter les mœurs :

« La nature même a dicté la réponse de ce barbare

à qui l'on vantait les magnificences du cirque et des
jeux établis à Rome : — Les Romains, demanda ce
bonhomme, n'ont-ils ni femmes ni enfants? »

PLAN

A. Mauvais effets possibles de la fréquentation des spectacles :

> 1º Délaissement du foyer et des enfants.
> 2º Dissipation d'esprit, d'où négligence des soins
> domestiques.
> 3º Altération du principe des émotions : exagéiation
> des sentiments et des passions sous l'influence
> des exemples de la scène; émotions factices pour
> des personnages imaginaires.

B. Les affections de famille (amitié conjugale, amour
filial, amour paternel et maternel, affection fraternelle)
devraient suffire à l'expansion de la sensibilité. — L'amour
de la patrie en est la conséquence et la synthèse naturelles.

C. Les soins à donner à l'entretien réciproque du cœur
et de l'esprit du mari et de la femme, et à l'éducation des
enfants, devraient être non pas une charge pénible, mais
une occupation suffisante et un charme dans la maison.
— Joies de la famille, fêtes intimes, anniversaires, etc.

D. Réserve admissible : spectacles contribuant à l'éducation :

> *a*) Choix des spectacles, — proscription de toute
> représentation licencieuse ou cruelle.
> *b*) Usage modéré des spectacles même bien choisis, et
> sous condition que cette distraction ne compromet
> aucun devoir ni aucun intérêt domestique.

Conclusion. — Le mot du barbare est une juste et
piquante critique, la thèse de Rousseau pèche par excès.

5. — Devoir d'attention des parents.

SUJET

Les journaux publient ce fait divers :

« Aux environs de Rouen deux petits garçons, âgés l'un de cinq ans, l'autre de quatre, fils des époux D..., domestiques dans une ferme, ont absorbé le contenu d'une bouteille de rhum et sont morts ».

Quelles réflexions vous inspire un si triste événement?

PLAN

A. Les parents portent une certaine responsabilité morale de la conduite de leurs enfants mineurs, et même, dans une mesure variable, de celle de leurs enfants majeurs, puisqu'il est possible que cette conduite résulte de l'éducation donnée par les parents.

B. Toute négligence des parents dont il résulte pour l'enfant un désavantage physique ou une dégradation morale, leur est imputable comme une faute.

   a) Dans chaque cas particulier il doit être tenu compte des circonstances aggravant ou atténuant cette responsabilité.

C. Dans le fait cité, deux points à distinguer : défaut de surveillance des enfants; — possibilité pour eux d'atteindre un objet dangereux.

   a) Le délaissement des enfants à la maison peut être excusable vu la nécessité pour les parents d'accomplir les travaux de leur condition, — mais cette excuse n'est valable que s'ils n'avaient aucun moyen de mettre les enfants en garde, soit à l'école, soit ailleurs.

   b) La possibilité pour les enfants de s'emparer d'une bouteille contenant un liquide dangereux est un fait grave, à la charge des parents, à deux points de vue : 1° la négligence et le manque d'ordre;

2° la nature même de la liqueur et la présomption du mauvais exemple.

D. Néanmoins pitié pour le chagrin éprouvé par les parents : en tirer la leçon qu'il comporte, c'est-à-dire discerner la conséquence normale de toute action; c'en est la sanction, parfois même excessive en apparence.

6. — L'héritage.

SUJET

La loi morale fait-elle aux parents une obligation de transmettre leurs biens à leurs enfants?

PLAN

A. Obligation formelle pour les parents d'assurer, en proportion de leurs ressources, l'existence matérielle et la vie morale de leurs enfants, tant que ceux-ci sont incapables d'y pourvoir eux-mêmes.

    a) Cause de l'obligation : la responsabilité de la naissance.

    b) Sa forme : entretien physique, éducation morale, instruction professionnelle.

    c) Sa limite : durée de l'incapacité de l'enfant.

B. Causes diverses de la prolongation de l'incapacité de l'enfant : les unes indépendantes, les autres dépendantes de sa volonté.

    a) Causes indépendantes : santé physique et conformation, insuffisance intellectuelle.

    b) Causes dépendantes de la volonté de l'enfant : indocilité, paresse, vice en général.

C. Caractère différent de l'obligation des parents selon le cas.

    a) Obligation de pourvoir aux besoins de l'enfant dont l'incapacité n'est pas l'effet de la mauvaise volonté.

Corollaire : Si les parents possèdent des biens qui subsistent après leur décès, leur devoir est d'en disposer de façon que l'incapable non déméritant soit, autant que possible, à l'abri du besoin et reçoive tous les soins exigés par son état.

b) Affranchissement de l'obligation de pourvoir aux besoins de l'enfant déméritant, dès qu'il serait en état de se suffire.

Corollaire : Nulle obligation de le faire hériter.

Confirmation : Scrupule légitime des parents de fournir à l'enfant immoral les moyens matériels d'entretenir, d'accroître ou de propager son immoralité.

D. La loi morale exige que les parents soient justes et équitables à l'égard de tous leurs enfants, et qu'ils tiennent compte à chacun de son mérite filial.

7. — Les vertus filiales.

SUJET

Quand Georges Washington, libérateur des États-Unis, commença de se faire connaître, on alla faire compliment à la mère du général du courage et des exploits de son fils. Elle répondit. « Cela ne m'étonne pas, Georges est si bon fils ! »

Dans un ordre analogue d'idées et de sentiments, le viel honnête Abraham Lincoln, devenu de bûcheron président des États-Unis, répondait aux indiscrets qui le saluaient grand homme : « Dites plutôt que j'ai voulu être un bon fils ».

Faire ressortir de ces deux traits les rapports qui unissent les vertus filiales aux vertus civiques et à la valeur morale en général.

PLAN

A. La mère de Washington exprime que le soin et l'application de son fils à remplir entièrement tous ses devoirs envers elle devaient être la garantie de son soin et de sa persévérance à bien servir sa patrie.

Lincoln prend la même idée en la retournant, c'est-à-dire

en identifiant le devoir du citoyen envers sa patrie et le devoir de l'enfant envers ses parents si complètement que l'idée qui domine dans son esprit est celle du devoir filial : être un bon citoyen c'est traiter sa patrie comme une mère.

B. De quoi se compose le devoir filial et comment peut-il représenter la forme du devoir civique?

a) Docilité à l'autorité paternelle ou maternelle; — corrélation : obéissance aux lois.

b) Reconnaissance due aux parents pour les soins et les bienfaits que nous recevons d'eux : — reconnaissance due à la patrie pour tous les avantages que nous recevons d'elle.

c) Respect et défense de l'honneur domestique fondé et constitué par la série des ancêtres : — respect et défense de l'honneur national.

d) Esprit de solidarité dans la famille, communauté de joie et de souffrance : — solidarité dans l'État et dans la patrie; destinée commune.

e. Dévouement à la famille ordonné par le devoir, rendu facile par l'affection : — dévouement à la patrie dans les conditions analogues.

8. — Devoir filial.

SUJET

Démétrios, hardi aventurier et habile général, surnommé le Preneur de villes, abandonné de ses troupes, traqué, mourant de faim, fut obligé de se livrer à son ennemi Séleucos. Un autre ennemi, Lysimachos, proposa une grosse somme pour le faire mourir. Le fils de Démétrios, Antigonos de Goni, pria Séleucos de libérer son père, offrant d'abandonner pour sa rançon tout ce qu'il possédait et de se livrer comme otage.

Le devoir filial lui en faisait-il une obligation formelle ?

PLAN

A. Définition et délimitation du devoir filial
a) Distinct de l'amour filial.

b) La dette fondamentale d'un enfant envers ses
parents, c'est la vie reçue et par conséquent tout
ce qui tient à la vie : reconnaissance.

c) Supériorité d'âge, d'expérience et quelquefois de
souffrance des parents : respect filial.

d) Obligation de rendre à nos parents ce qu'ils ont
fait pour nous; de là obligation immédiate de faire
tout ce qui dépend de nous pour conserver leur
existence.

B. Antigonos comprend que tenant de son père tout ce
qu'il est et tout ce qu'il a, son devoir est de sacrifier et ses
biens et sa personne pour le salut de son père : — dévouement.

C. Aucune loi positive, aucune sanction extérieure ne
rend le dévouement obligatoire.

a) Au-delà de la stricte justice c'est l'idée que l'on
se fait de l'obligation morale qui en détermine
l'étendue.

b) La moralité de l'individu se manifeste d'autant plus
belle et plus noble qu'il comprend son devoir
comme plus exigeant.

D. Celui qui refuse les aliments à ses parents est sans
hésitation considéré comme coupable.

a) Ni la loi positive, ni l'opinion publique n'osent
édicter de peines contre celui qui ne se dévoue pas
jusqu'à l'abnégation en faveur de ses parents :

b) Cependant la conscience le désavoue, et par contre
nous admirons d'autant plus celui qui accomplit ce
sacrifice.

Conclusion. — C'est bien son devoir qu'Antigonos accomplit, mais un devoir qui n'est compris que par les âmes
élevées. Il n'y a pas différents degrés du devoir, il y a
différents degrés de valeur morale dans l'homme.

9. — Culte de la famille.

SUJET

Quel enseignement apporte le précepte de la Bible : « Souviens-toi de ton père et de ta mère lorsque tu t'assieds parmi les grands » ?

PLAN

A. Misère et honte de la vanité : elle s'attaque même aux sentiments les plus naturels et les plus délicats.

B. Beauté de la piété filiale et de la reconnaissance, faiblesse de caractère et pourriture de cœur chez celui qui parvenu aux honneurs rougit de son humble origine et renie ses parents. — Exemples dans l'un et l'autre sens.

C. A un autre point de vue, utilité morale du souvenir d'une modeste origine pour préserver de l'orgueil et de la vanité celui qui, même par les plus réels mérites, est monté à de hautes fonctions ou à la gloire.

D. Faux calcul de cette vanité ; les autres n'oublient pas et jugent l'ingrat vaniteux tout à la fois ridicule et méprisable.

10. — La bonne ménagère.

SUJET

« Un de mes amis demandait un jour à une jeune personne placée à table entre nous deux si c'était elle qui avait fait un certain gâteau qu'il trouvait délicieux : « Je ne me mêle pas de ces choses-là », répondit la demoiselle d'un ton piqué. » (JULES BARNI.)

Critiquer cette réponse, et à ce propos tracer le rôle de la femme dans la vie domestique.

N. B. Nous substituons à un plan de détail des références d'où la réflexion de l'élève tirera facilement les idées propres au sujet : son effort personnel consistera à les choisir et à mettre chacune à sa place.

RÉFÉRENCE

M. J. Barni fait suivre de cette réflexion le trait qu'il rapporte :
« Ce n'est pas sans doute une vertu que de savoir faire des
gâteaux, mais c'est en général une chose précieuse, même pour
une demoiselle riche, que de s'entendre au ménage et de savoir
au moins le diriger. »

Pauvres ou riches, mariées ou libres, les femmes ont de l'influence sur la vie privée. Le bonheur des familles dépend d'elles
en grande partie... Perfectionner la vie privée, l'animer, l'em-
bellir, la sanctifier, c'est là une grande et noble carrière... Les
femmes, selon nous, sont institutrices-nées, car tandis qu'elles
ont immédiatement entre les mains la moralité des enfants, ces
futurs souverains de la terre, l'exemple qu'elles peuvent donner,
le charme qu'elles peuvent répandre sur la destinée des autres
âges, leur fournissent des moyens d'amélioration de tous les
moments. Sous le toit domestique se forment ces opinions et
ces mœurs qui soutiennent les institutions ou qui en préparent
la chute. Tout ce qui dans l'organisation politique ne se fonde
pas sur les vrais intérêts de la famille, dépérit bientôt ou ne produit que du mal. Et comme ces intérêts sont pour la plupart
confiés aux femmes; comme ils le sont d'autant plus que l'attention des hommes s'est portée ailleurs; comme dans l'ordre
matériel, c'est aux femmes que sont dévolus les soins et la
conservation des fortunes, et que dans l'ordre spirituel ce sont
elles qui communiquent et raniment les sentiments, vie de
l'âme, modèles éternels des actions, — il leur est assigné un
rôle obscur peut-être, mais immense, — dans les vicissitudes de
la destinée qui se déploient sous nos yeux.

Mme Necker de Saussure.

Une mère intelligente forme ses filles par degrés à ces différents exercices (leur faire composer à elles-mêmes des mémoires
de travaux et dépenses et leur faire régler des comptes), et
entre pour cela avec elles dans le dernier détail. Elle les accou-
tume à connaître le prix et la qualité des toiles, du linge, des
étoffes, de la vaisselle et de tous les autres ustensiles. Quand
elle fait des achats et des emplettes, elle les mène avec elle
chez des marchands. Elle leur apprend les temps où il faut
faire chaque provision. Elle les instruit de la manière dont on
doit ordonner un repas, et de ce qui se sert ordinairement
dans chaque saison; du prix de tout ce qui convient pour meu-
bler un château, une maison, un appartement. Elle entre en
connaissance de tout ce qu'il faut faire par rapport aux fermes
qui font le plus solide bien des grandes maisons.... Elle a soin

surtout d'inspirer à une jeune demoiselle... les principes d'une
sage et noble économie, qui s'éloigne également et d'une sor-
dide avarice et d'une ruineuse prodigalité....

1° Régler sa dépense sur ses revenus et sur son état, sans
jamais se laisser emporter au delà des bornes d'une honnête
bienséance par la coutume et l'exemple dont le luxe ne manqua
jamais de se prévaloir.

2° Ne prendre rien à crédit chez les marchands, mais payer
argent comptant tout ce qu'on achète. C'est le moyen d'avoir
tout ce qu'ils ont de meilleur et de l'avoir à moindre prix.

3° S'accoutumer à regarder comme une grande injustice de
faire attendre les ouvriers et les domestiques pour leur payer
ce qui leur est dû.

4° Se faire représenter et arrêter les comptes régulièrement
tous les mois, les clore sans manquer à la fin de chaque année,
et se donner bien de garde d'abandonner la régie des biens et
de la maison à des mains subalternes qui ne sont pas toujours
zélées et fidèles.

5° Dans le règlement qu'on fera alors des dépenses, qui doit
toujours être proportionné au revenu, mettre à la tête de tout
la portion destinée et due aux pauvres.

ROLLIN.

Le temps passé, quand on vouloit louer un homme, on le
disoit bon laboureur. C'estoit aussi la plus grande gloire de la
femme que d'estre estimée bonne mesnagère.... Plus grande
richesse ne peut souhaicter l'homme en ce monde, après la santé,
que d'avoir une femme de bien, de bon sens, bonne mesnagère.
Telle conduira et instruira bien sa famille, tiendra la maison
remplie de tous biens pour y vivre commodément et honorable-
ment. Depuis la plus grande dame jusques à la plus petite fem-
melette, à toutes la vertu du mesnager reluit par-dessus toute
autre, comme instrument de nous conserver la vie. Une femme
mesnagère entrant dans une pauvre maison l'enrichit : une des-
pensière ou fainéante destruit la riche. Sa petite maison s'agran-
dit entre les mains de ceste-là : et entre celles de ceste-ci, la
grande s'appetisse. Salomon faict paroistre le mary de la bonne
mesnagère entre les principaux hommes de la cité : dict que la
femme vaillante est la coronne de son mary, qu'elle bastit la
maison, qu'elle plante la vigne, qu'elle ne craint ni le froid ni
la gelée, estant elle et ses enfants vestus comme d'escarlate;
que la maison et les richesses sont de l'héritage des pères, mais
la prudente femme est de par l'éternel. A ces belles paroles
profitera nostre mère de famille, et se plaira en son administra-
tion, si elle désire estre louée et honorée de ses voisins, révérée
et servie de ses enfants, si elle faict plus d'estat de l'honneste

richesse que de la sale pauvreté, si elle aime mieux prester qu'emprunter, si elle prend plaisir de voir toujours sa maison abondamment pourveuë de toutes co·nmoditez, pour s'en servir au vivre ordinaire, au recueuil (*réception*) des amis, à la nécessité des maladies, à l'advancement des enfans, aux aumosnes des pauvres et aux journalières occurrences.

Olivier de Serres.

11. — L'amitié.

SUJET

« J'ai grand peur que celui qui dès la première vue me traite comme un ami de vingt ans, ne me traite au bout de vingt ans comme un inconnu si j'avais quelque important service à lui demander. » (J.-J. Rousseau.

Analyser les observations que renferme cette réflexion.

PLAN

A. Amitié : accord parfait sur les choses divines et humaines joint à la bienveillance et à l'affection.

   a) Cet accord suppose de part et d'autre la connaissance des idées et des sentiments : le temps est nécessaire à cette épreuve.

   b) L'affection qui n'est pas fondée sur l'estime est superficielle, fragile et fugitive; — l'estime naît de la notion du mérite personnel d'autrui et grandit avec elle.

   c) Pas d'amitié sans la confiance; — si la confiance est précipitée, elle indique une légèreté d'esprit qui doit mettre en défiance celui à qui elle est indûment témoignée.

B. Pas d'amitié sincère où se mêle l'intérêt, — pas de véritable amitié qui ne comprenne le dévouement.

   a) L'échange des services rendus fortifie l'amitié.

   b) Il est naturel de n'accorder un important service qu'au véritable ami dont l'affection est éprouvée.

c) Traiter un homme dès le premier moment comme un ami de vingt ans c'est montrer qu'on n'attache pas de prix aux témoignages apparents de l'amitié — banalité des formes extérieures : des signes, et absence de la chose signifiée.

C. On en peut conclure que celui-là ne cherchera pas à mieux connaître ni à mieux aimer l'homme à qui sans motif sérieux il accorde subitement les signes de l'estime et de l'affection. Donc, quelque temps que durent ces signes, ils ne prouvent pas la réalité des sentiments à cause desquels un ami se met en peine de servir son ami.

12. — Règle de l'amitié.

SUJET

Expliquer cette pensée de la marquise de Sablé :
« Celui qui aime plus son ami que la raison et la justice aimera plus en quelque autre occasion son intérêt que son ami ».

PLAN

A. « Entre deux choses qui nous sont chères, l'amitié et la vérité, c'est une obligation sacrée de donner la préférence à la vérité. » (ARISTOTE.)

    a) Point de véritable et saine amitié autre que celle qui a sa racine dans l'honnête.

    b) Ce n'est pas trahir notre ami que de lui donner tort s'il agit contre la justice et contre la raison.

    c) Lui *donner tort* ce n'est pas l'*abandonner* : obligation de faire tous nos efforts pour épargner ou atténuer à notre ami les conséquences pénibles de son erreur ou de sa faute.

    d) Devoir d'avertir notre ami de son égarement et de l'en ramener.

B. Préférer son ami à la raison et à la justice, indice du dérèglement de l'esprit : règne exclusif du sentiment.

    a) Variabilité du sentiment, — inconsistance et incon-

'' stance certaines du sentiment qui n'est pas soutenu
et retenu par le ferme appui du devoir.

b) La méconnaissance d'un devoir prédispose à en
méconnaître un autre, — relâchement de conscience, — influence croissante des circonstances
extérieures.

c) Même dans l'amitié, quand, à cause d'elle, on renie
la raison et la justice, il entre de l'égoïsme : toute
répudiation de la justice, marque un abus de la
personnalité.

d) Nulle garantie, en ce cas, que l'égoïsme ne sur-
montera pas l'amitié, — la plus grande probabilité
est que l'amitié sera sacrifiée à l'intérêt par le même
principe vicieux qui aura fait sacrifier à l'amitié la
raison et la justice.

RÉFÉRENCE

C'est surtout en amitié que les devoirs se heurtent et se con-
fondent, puisqu'il est également contre le devoir de refuser à
nos amis ce qui est légitime, et de leur accorder ce qui ne l'est
pas. Du reste, dans toutes les questions de ce genre, la règle
à suivre est simple et facile. Rien de ce qui paraît utile, comme
les honneurs, les richesses, les plaisirs et les autres choses de
cette espèce, ne doit en aucun cas prévaloir sur l'amitié. Mais
sacrifier à ce sentiment l'intérêt public, le serment, la probité,
c'est ce que l'honnête homme ne fera jamais, eût-il à juger son
ami lui-même; car il dépouille le caractère d'ami, en revêtant
celui de juge. Tout ce qu'il peut accorder à l'amitié, c'est de
souhaiter que la cause de son ami soit bonne; c'est de lui
donner, pour ce qui regarde le temps et la défense, toutes les
facilités que les lois autorisent. Mais comme il doit prononcer
sous la foi du serment, qu'il se souvienne qu'il a pris Dieu à
témoin, c'est-à-dire, j'imagine, sa propre conscience, qui est ce
que Dieu a donné à l'homme de plus divin. Nos ancêtres nous
ont appris une manière admirable, si elle était suivie, de solli-
citer un juge : qu'il fasse ce qu'il pourra faire sans blesser sa
conscience. Cette formule a pour objet les faveurs que le juge,
comme je viens de le dire, peut accorder honnêtement à son
ami. Car s'il fallait faire tout ce que voudraient nos amis, ce
ne serait plus là des amitiés, ce serait des conjurations....

Lors donc qu'en amitié, ce qui semble utile se trouve opposé
à ce qui est honnête, il faut que l'utilité prétendue succombe
et que l'honnêteté l'emporte. Mais quand nos amis nous deman-

deront des choses qui ne sont pas honnêtes, la religion et
l'équité devront passer avant l'amitié. Voilà le moyen de faire
entre les devoirs ce choix éclairé qui est le but de nos recher-
ches.

Cicéron, Les Devoirs, liv. III.

13. — Les simulacres de l'amitié.

SUJET

L'honnête homme qu'est le Misanthrope de Molière
s'écarte-t-il de l'admirable précepte de l'Évangile :
« Aimez-vous les uns les autres », quand, se plaignant
des démonstrations d'amitié à la mode parmi ses
contemporains, il déclare :

« L'ami du genre humain n'est point du tout mon
fait »?

PLAN

A. Ne pas confondre deux sentiments distincts : l'amour
des hommes et l'amitié.

    a) Le premier, égal pour tous, et sans choix : bien-
    veillance, compassion, serviabilité, fraternité
    humaine.

    b) Le second, tout personnel, fondé sur une préférence
    éclairée, concentration d'affection, dévouement.

B. L'ami de tout le monde n'est l'*ami* de personne : —
profanation de l'amitié par la prodigalité des marques
extérieures d'attachement. — Fausses apparences : tout en
surface, rien en profondeur. — Pas de sincérité.

C. Alceste sera tout à la fois le meilleur des amis et le
plus humain des hommes : parce qu'il a le culte de la justice et donne l'honnêteté pour mesure à ses sentiments.
Sa rudesse n'est pas nécessaire, elle n'est pas non plus
incompatible avec la tendresse.

RÉFÉRENCE

.... Comme il est écrit que toute sensibilité périt et que les
cœurs les mieux faits ne peuvent pas répondre de garder tou-

jours 'cette chaleur d'une amitié naissante, ils peuvent donc
quelquefois être inconstants mais jamais infidèles. La vivacité
du goût se perd, mais l'amour du devoir subsiste. Il faut les
plaindre; ils avaient un sentiment agréable, il leur a échappé;
que n'avons-nous de quoi les retenir! Donnons donc à l'amitié
un fondement plus solide. L'estime appuyée sur la connaissance
du mérite ne se dément point. Le bandeau qu'on donne à l'amour,
on l'ôte à l'amitié. Elle est éclairée, elle examine avant que de
s'engager; elle ne s'attache qu'aux mérites personnels, car ceux-
là seuls sont dignes d'être aimés qui ont en eux-mêmes la
cause pourquoi on les aime.

Mme DE LAMBERT.

14. — Maîtres et serviteurs.

SUJET

« La maison de Descartes était une école de vertu
et de doctrine pour ses domestiques; et le maître, non
content de les rendre savants et gens de bien, se char-
geait encore de leur fortune et de leur procurer
de bons établissements. C'est pourquoi il y avait toujours beaucoup d'empressement à se mettre à son
service, et à obtenir une place parmi ses valets comme
une condition fort heureuse. »

Quels devaient être les qualités respectives et les
égards réciproques du maître et des serviteurs pour
qu'une maison méritât une telle réputation?

PLAN

A. Principe de l'égalité naturelle des hommes.
   a) Cette égalité a pour fondement le caractère moral
   de la personne humaine.
   b) En fait elle est rompue par l'inégale distribution des
   facultés spirituelles, des forces physiques, et des
   biens matériels.
B. Le principe du *service* est le besoin réciproque.

a) La forme légitime du *service* est le consentement mutuel.

b) Sa règle, c'est l'observation des engagements pris de part et d'autre.

C. La véritable supériorité est celle de la capacité et de la vertu : elle ne tient pas au hasard.

a) Plus facile acceptation de la supériorité intellectuelle et morale. — Elle inspire confiance à celui qui s'y soumet; — il en espère une protection.

b) Importance capitale d'un bon règlement de maison : ordre et régularité.

c) Obligation de rémunérer, nourrir, loger convenablement les serviteurs.

d) Intérêt propre du supérieur de rendre ses subordonnés plus capables et meilleurs.

e) Motif supérieur et désintéressé du devoir du supérieur d'aider son subordonné, 1° à s'instruire, 2° à se moraliser. — Le perfectionnement du subordonné, 1° pour sa propre fin, 2° pour la fin générale de la société, 3° pour la fin plus générale de l'humanité.

f) Bienveillance obligatoire du supérieur de favoriser la promotion du subordonné à un meilleur emploi mérité; utilité générale de mettre chacun en la place qui lui convient. — En opposition : égoisme coupable qui réserve à l'usage inférieur de ses intérêts les capacités du subordonné.

g) Indulgence nécessaire du supérieur. « Vous avez traité avec des hommes, vous avez dû compter qu'ils auraient des défauts. Votre indulgence est une condition tacite du traité. » (SAINT-LAMBERT.)

h) Cette indulgence ne doit pas descendre à la faiblesse. Bonté n'exclut pas fermeté.

i) Cette indulgence doit être raisonnée et proportionnelle au mérite du subordonné : accord de l'indulgence et de l'équité.

j) Devoir d'exemple du supérieur : il n'a droit au respect réel que s'il est par soi-même respectable.

k) Qualités du maître (résumé).

D. Le serviteur admis dans l'intimité de la maison : conséquences graves : 1° il y apporte son état de moralité; 2° il en connaît les intérêts et les secrets.

a) Premier devoir du *domestique* : surveillance de soi-même afin de n'être cause de corruption ni de scandale.

b) Discrétion.

c) Probité, — le moindre détournement est un abus de confiance.

d) Exactitude et attention dans le service : nul ne doit garder l'emploi auquel il est impropre.

e) Respect de l'autorité, — obéissance promise.

f) Soin des intérêts de la maison.

g) Gratitude du bon traitement, — attachement, dévouement.

E. Le maître et le serviteur s'honorent ou se dégradent mutuellement.

RÉFÉRENCE

En contraste avec ce que Baillet, le biographe de Descartes, expose de la tenue de sa maison, l'auteur du *Mémorial de Sainte-Hélène*, Las Cases, raconte : « A Briars, Marchand (un des principaux domestiques de Napoléon) et les deux autres valets de chambre ont constamment couché par terre, en travers de la porte de l'empereur, si bien que, quand je sortais tard, il me fallait leur marcher sur le corps ».

———

Il n'arrive guère qu'on soit mal servi par peu de domestiques ; mais on dirait au zèle de ceux-ci [1] que chacun, outre son service, se croit chargé de celui des sept autres, et à leur accord, que tout se fait par un seul. On ne les voit jamais oisifs et désœuvrés jouer dans une antichambre ou polissonner dans la cour, mais toujours occupés à quelque travail utile : ils aident à la basse-cour, au cellier, à la cuisine ; le jardinier n'a point d'autres garçons qu'eux, et ce qu'il y a de plus agréable, c'est qu'on leur voit faire tout cela gaîment et avec plaisir.

On s'y prend de bonne heure pour les avoir tels qu'on les veut : on n'a point ici la maxime que j'ai vue régner à Paris et à Londres, de choisir des domestiques tout formés, c'est-à-dire des coquins déjà tout faits ; de ces coureurs de conditions qui, dans chaque maison qu'ils parcourent, prennent à la fois les défauts des valets et des maîtres et se font un métier de servir tout le monde sans jamais s'attacher à personne. Il ne peut régner ni fidélité ni zèle au milieu de pareilles gens, et ce

1. Ceux de la maison dont il parle.

6

ramassis de canaille ruine le maître et corrompt les enfants dans toutes les maisons opulentes. Ici c'est une affaire importante que le choix des domestiques : on ne les regarde pas seulement comme des mercenaires dont on n'exige qu'un service exact, mais comme des membres de la famille dont le mauvais choix est capable de la désoler. La première chose qu'on leur demande est d'être honnêtes gens; la seconde, d'aimer leur maître; la troisième, de le servir à son gré : mais pour peu qu'un maître soit raisonnable et un domestique intelligent, la troisième suit toujours les deux autres. On ne les tire donc point de la ville mais de la campagne. C'est ici leur premier service, et ce sera sûrement le dernier pour tous ceux qui vaudront quelque chose. On les prend dans quelque famille nombreuse et surchargée d'enfants dont les père et mère viennent les offrir eux-mêmes. On les choisit jeunes, de bonne santé, bien faits, et d'une physionomie agréable. M. Wolmar les interroge, les examine, puis les présente à sa femme. S'ils agréent à tous deux, ils sont reçus d'abord à l'épreuve, ensuite au nombre des gens, c'est-à-dire des enfants de la maison, et l'on passe quelques jours à leur apprendre avec beaucoup de patience et de soin ce qu'ils ont à faire. Le service est si simple, si égal, si uniforme, les maîtres ont si peu de fantaisie et d'humeur, et leurs domestiques les affectionnent si promptement que cela est bientôt appris. Leur condition est douce; ils sentent un bien-être qu'ils n'avaient pas chez eux, mais on ne les laisse point amollir par l'oisiveté, mère des vices. On ne souffre point qu'ils deviennent des messieurs et s'enorgueillissent de la servitude; ils continuent de travailler comme ils faisaient dans la maison paternelle; ils n'ont fait que changer de père et de mère, et en gagner de plus opulents. De cette sorte ils ne prennent point en dédain leur ancienne vie rustique. Si jamais ils sortaient d'ici, il n'y en a pas un qui ne reprît plus volontiers son état de paysan que de supporter une autre condition; enfin je n'ai jamais vu de maison où chacun fit mieux son service et s'imaginât moins de servir.

J.-J. Rousseau.

L'ESCLAVE DANS LA FAMILLE ANTIQUE.

Le besoin réciproque que le pauvre a du riche et le riche du pauvre fit des serviteurs. Mais dans le régime patriarcal, serviteurs ou esclaves, c'est tout un. On conçoit, en effet, que le principe d'un service libre, volontaire, pouvant cesser au gré du serviteur, ne peut guère s'accorder avec un état social où la famille vit isolée. D'ailleurs, la religion domestique ne permet pas d'admettre dans la famille un étranger. Il faut donc que par quelque moyen le serviteur devienne un membre et une partie intégrante de cette famille.

C'est à quoi l'on arrive par une sorte d'initiation du nouveau venu au culte domestique.

Un curieux usage, qui subsista longtemps dans les maisons athéniennes, nous montre comment l'esclave entrait dans la famille. On le faisait approcher du foyer, on le mettait en présence de la divinité domestique ; on lui versait sur la tête de l'eau lustrale et il partageait avec la famille quelques gâteaux et quelques fruits. Cette cérémonie avait de l'analogie avec celle du mariage et celle de l'adoption. Elle signifiait sans doute que le nouvel arrivant, étranger la veille, serait désormais un membre de la famille, et en aurait la religion. Aussi assistait-il aux prières et partageait-il les fêtes. Le foyer le protégeait ; la religion des dieux lares lui appartenait aussi bien qu'à son maître, c'est pour cela que l'esclave devait être enseveli dans le lieu de la sépulture de famille.

Mais, par cela même que le serviteur acquérait le culte et le droit de prier, il perdait sa liberté. La religion était une chaîne qui le retenait, il était attaché à la famille pour toute sa vie et même pour le temps qui suivait la mort.

Son maître pouvait le faire sortir de la basse servitude et le traiter en homme libre. Mais le serviteur ne quittait pas pour cela la famille. Comme il y était lié par le culte, il ne pouvait pas sans impiété se séparer d'elle. Sous le nom d'*affranchi* ou sous celui de *client*, il continuait à reconnaître l'autorité du chef ou patron qui ne cessait pas d'avoir des obligations envers lui. Il ne se mariait qu'avec l'autorisation du maître, et les enfants qui naissaient de lui continuaient à obéir.

FUSTEL DE COULANGES, *la Cité antique.*

15. — Rapport de la famille et de l'État.

SUJET

Platon croyait fortifier l'État en détruisant la famille ; tous les enfants mis et élevés en commun, chacun ne devait plus, pensait-il, avoir d'autre occupation, d'autre amour que la République. Aristote répondait à Platon : « Vous n'avez qu'une goutte de miel, et vous la jetez à la mer ».

Montrer que, dans sa réplique imagée, Aristote a raison contre Platon.

PLAN

Trois idées principales :

    1° L'origine de la patrie, c'est la famille ; qui n'eut jamais de famille ne se connaît pas de patrie naturelle : — pas de motif d'attachement à un pays plutôt qu'à un autre.

    2° La douceur de la vie réside en des affections mutuelles : il n'y a pas d'affection mutuelle entre l'individu et la collectivité impersonnelle.

    3° C'est la famille qui est l'école des vertus publiques.

SUJETS A TRAITER

I. — Comment expliquer l'institution et l'abolition du droit d'aînesse ?

II. — Un crime a été commis : votre ami vient vous déclarer qu'il en est l'auteur et vous prie de le dérober aux agents de la justice qui le cherchent : que ferez-vous ?

III. — A quelles conditions est-il possible de mettre en pratique cette recommandation d'un ancien, rappe'ée par Mme de Lambert : « Il faut traiter ses domestiques comme des amis malheureux » ?

IV. — « Ici c'est une affaire importante que le choix des domestiques, dit J.-J. Rousseau décrivant une maison bien ordonnée ; on ne les regarde pas seulement comme des mercenaires dont on n'exige qu'un service exact, mais comme des membres de la famille dont le mauvais choix est capable de la désoler. »

Commenter cette remarque et en développer la partie morale.

V. — Quelles règles imposerez-vous à vous-même et à vos subordonnés pour l'ordre et la tenue de votre maison ?

VI. — Commenter cette parole de Louis IX à son fils : « Agis toujours de telle façon que tes amis t'osent dire la vérité ».

N'aurait-il pu ajouter : « Choisis-les tels qu'ils soient toujours capables de te la faire entendre » ?

Quelle est la différence de point de vue en ces deux préceptes ?

VII. — Un père avait complètement négligé ses devoirs envers son enfant dès sa naissance. L'enfant, élevé par sa mère avec l'aide des libéralités de la cité, est devenu homme, citoyen, artisan. Son père vieux et pauvre se présente devant lui et réclame de lui l'accomplissement du devoir filial. A quoi pensez-vous que soit tenu le fils ?

VIII. — Analyser le sens moral de la parabole de l'*Enfant prodigue*, en tenant compte de cette réflexion du frère mécontent adressée à son père : « Voici, je te sers depuis tant d'années; je n'ai jamais manqué à tes ordres, et tu ne m'as jamais donné même un chevreau pour me réjouir avec mes amis. Mais lorsque ce fils qui a mangé ton bien avec des courtisanes est revenu, tu as tué pour lui le veau gras. »

IX. — M. d'Alleray, magistrat au Châtelet de Paris, fut mis en jugement en 1794 pour avoir envoyé de l'argent à ses enfants émigrés. Il était si bienfaisant, si aimé, que Fouquier-Tinville et les jurés voulaient le sauver : on lui suggéra de nier qu'il eût envoyé des subsides à ses enfants au delà des frontières. Il refusa. « Mais, lui dit-on, vous ne connaissiez probablement

pas la loi qui défendait toute communication avec les
émigrés ? — Si, répondit-il, je la connaissais, mais je
dus la faire passer après celle qui impose aux pères
l'obligation de nourrir leurs enfants. »

Le tribunal n'adopta point cette doctrine et M. d'Alleray fut condamné à mort et guillotiné.

Apprécier non seulement son caractère, mais aussi
et surtout la valeur de son argument.

X. — « Si mon ami est borgne, je le regarde de
profil. » Ce disant Joubert signifie-t-il que nous devons
approuver quand même les défauts ou les fautes de
nos amis ?

XI. — Solidarité fraternelle.

Deux frères s'étant trouvés de condition de fortune
fort inégale, celui qui possédait beaucoup donna une
part de son bien à l'autre qui en était à la pauvreté.
Comme on complimentait de son sacrifice le frère
généreux, il répliqua : « Pas du tout, je me suis
augmenté de tout ce que j'ai donné à mon frère ».

Qualifier sa conduite et expliquer sa parole.

XII. — Montrer, par l'exemple d'Harpagon dans la
comédie l'Avare de Molière, comment un vice du père
de famille est cause du désordre moral de ses enfants
qui commence à l'oubli du respect filial.

XIII. — Éducation : « Les enfants élevés dans des
maisons propres où l'on ne souffre point d'araignées
ont peur des araignées, et cette peur leur demeure
souvent étant grands. Je n'ai jamais vu de paysans,
ni homme, ni femme, ni enfant, avoir peur des araignées. »

Rousseau écrivant cette remarque n'a pu vouloir
faire entendre que la malpropreté soit recomman-

dablé. Comment concilier avec les règles de l'hygié-
nique et moralisatrice propreté de la maison le vœu
légitime de Rousseau que l'enfant soit accoutumé à
ne s'effrayer de rien ?

XIV. — Est-ce par justice ou par affection que
l'aîné doit plus particulièrement aide et protection
à ses frères et sœurs ?

XV. — « L'œil du maître engraisse le cheval. »
Expliquer la moralité de ce proverbe et en déduire
l'application à l'ordonnance de la vie domestique.

XVI. — Montesquieu détermine ainsi l'obligation
pour les enfants d'obtenir de leur père son consentement à leur mariage :

« Le consentement des pères est fondé sur leur
puissance, c'est-à-dire sur leur droit de propriété ; il
est encore fondé sur leur amour, sur leur raison et
sur l'incertitude de celle de leurs enfants que l'âge
tient dans l'état d'ignorance, et les passions dans l'état
d'ivresse. »

Parmi ces fondements en est-il qui disparaissent
naturellement, d'autres qui subsistent, et par suite se
peut-il qu'un fils ou une fille soit ou toujours ou seulement durant un temps obligé de ne se marier qu'avec
le consentement paternel ?

XVII. — Chez les Rhodiens un fils ne pouvait se
dispenser de payer les dettes de son père en renonçant à sa succession. Quelles considérations morales
feriez- vous valoir pour ou contre cette loi ?

XVIII. — Peut-on admettre que le domestique dont
les gages sont insuffisants a le droit de prendre sur
son maître ce qui lui est nécessaire à sa subsistance,

même lorsqu'il a volontairement accepté de tels gages?

XIX. — Quelle idée vous ferez-vous du caractère de Turenne et de quelles qualités ou quels défauts le jugerez-vous composé, d'après ces deux traits, ajoutés à ce que vous savez de lui par l'histoire et la biographie :

« Un jour d'été, qu'il faisait fort chaud, le vicomte de Turenne (maréchal de France), en petite veste blanche et en bonnet, était à la fenêtre de son antichambre : un de ses gens survient, et trompé par l'habillement le prend pour un aide de cuisine avec lequel ce domestique était familier. Il s'approche doucement par derrière, et, d'une main qui n'était pas légère, lui applique un grand coup sur les fesses. L'homme frappé se retourne à l'instant. Le valet voit en frémissant le visage de son maître. Il se jette à genoux tout éperdu : « Monseigneur, j'ai cru que c'était.... Georges. — Et quand c'eût été Georges, s'écria Turenne, il ne fallait pas frapper si fort.... » C'est le même Turenne qui affectait de céder partout le pas à son neveu afin que l'on vît bien que cet enfant était le chef d'une maison souveraine [1]. » (J.-J. ROUSSEAU.)

XX. — Dans la société contemporaine, les mœurs domestiques ont parfois établi entre parents et enfants une familiarité qui va jusqu'à faire du père non seulement l'ami, mais le compagnon du fils adolescent. Y a-t-il plus d'inconvénients que d'avantages à ce système?

XXI. — Montrer la signification morale de ce vers aphorisme :

« Un frère est un ami donné par la nature. »

1. Son neveu était duc de Bouillon, prince de Sedan, marié plus tard avec Marie-Anne Mancini, nièce de Mazarin.

V

LA PATRIE ET L'ÉTAT

---

1. — La patrie.

SUJET

Que pensez-vous de cet aphorisme : « Là où l'on est bien, là est la patrie »?

PLAN

A. *Patrie* : Terre des aieux. — Prolongement et extension de la famille. Communauté d'origine, de passé historique, d'intérêt d'ordre moral et d'intérêts matériels.

B. La patrie est naturelle et non conventionnelle : la véritable patrie s'obtient par hérédité et non par adoption.

C. Dire que la patrie est là où l'on est bien c'est proprement supprimer l'essence de la patrie et proclamer la loi de l'égoïsme uniquement attaché au bien-être individuel.

    a) La patrie ne peut être que permanente, perpétuelle, et vouloir ne la trouver que là où l'on est bien c'est dire implicitement qu'on en changera autant de fois que les vicissitudes de la vie nous feront apparaître comme désagréable une résidence précédemment favorable à nos intérêts ou à nos goûts. — Emprunter des exemples à l'histoire.

    b) Tout au contraire, l'idée de patrie s'élève et s'agrandit lorsque s'y associe l'idée du dévouement et du sacrifice. C'est parce que tel pays est notre patrie que nous nous y trouvons bien, même s'il est humilié, même s'il exige de nous des devoirs pénibles. La souffrance supportée en commun renforce l'affection mutuelle.

c) Prétendre que c'est le bien-être dont on jouit dans un pays qui suffit à en faire notre patrie, c'est outrager l'idée et le sentiment de la véritable patrie. — Analogie : le cas d'un homme pauvre qui ayant épousé une femme riche renierait sa famille originelle et déclarerait que sa vraie famille est celle où il trouva l'opulence.

RÉFÉRENCE

L'AMOUR DE LA PATRIE.

Un instinct particulier à l'homme, et qui n'est pas le moins beau, le moins moral de ses instincts, c'est l'amour de la patrie. Si cette loi n'était soutenue par un miracle toujours subsistant, et auquel, comme à tant d'autres, nous ne faisons aucune attention, les hommes se précipiteraient dans les zones tempérées, en laissant le reste du globe désert. On peut se figurer quelles calamités résulteraient de cette réunion du genre humain sur un seul point de la terre. Afin d'éviter ces malheurs la Providence a, pour ainsi dire, attaché les pieds de chaque homme à son sol natal par un aimant invisible : les glaces de l'Islande et les sables embrasés de l'Afrique ne manquent point d'habitants.

Il est même digne de remarquer que plus le sol d'un pays est ingrat, plus le climat en est rude, ou, ce qui revient au même, plus on a souffert de persécutions dans ce pays, plus il a de charmes pour nous. Chose étrange et sublime, qu'on s'attache par le malheur, et que l'homme qui n'a perdu qu'une chaumière soit celui-là même qui regrette davantage le toit paternel !

Un sauvage tient plus à sa hutte qu'un prince à son palais, et le montagnard trouve plus de charme à sa montagne que l'habitant de la plaine à son sillon. Demandez à un berger écossais s'il voudrait changer son sort contre le premier potentat de la terre. Loin de sa tribu chérie, il en garde partout le souvenir, partout il redemande ses troupeaux, ses torrents, ses nuages. Il n'aspire qu'à manger du pain d'orge, à boire le lait de sa chèvre, à chanter dans la vallée ses ballades que chantaient aussi ses aïeux. Il dépérit s'il ne retourne au lieu natal. C'est une plante de la montagne, il faut que sa racine soit dans le rocher ; elle peut prospérer si elle n'est battue des vents et des pluies : la terre, les abris et le soleil de la plaine la font mourir.

Avec quelle joie il reverra son toit de bruyère! comme il visitera les saintes reliques de son indigence!

> Doux trésors, se dit-il, chers gages, qui jamais
> N'attirâtes sur vous l'envie et le mensonge,
> Je vous reprends : sortons de ces riches palais,
> Comme l'on sortirait d'un songe.

Qu'y a-t-il de plus heureux que l'Esquimau dans son épouvantable patrie? Que lui font les fleurs de nos climats auprès des neiges du Labrador, nos palais auprès de son trou enfumé?

On raconte qu'un mousse anglais avait conçu un tel attachement pour un vaisseau à bord duquel il était né, qu'il ne pouvait souffrir d'en être séparé un moment. Quand on voulait le punir, on le menaçait de l'envoyer à terre; il courait alors se cacher à fond de cale, en poussant des cris. Qu'est-ce qui avait donné à ce matelot cette tendresse pour une planche battue des vents? Certes, ce n'était pas des convenances purement locales et physiques. Etait-ce quelques conformités morales entre les destinées de l'homme et celles du vaisseau? ou plutôt trouvait-il un charme à concentrer ses joies et ses peines pour ainsi dire dans son berceau? Le cœur aime naturellement à se resserrer; moins il se montre dehors, moins il offre de surface aux blessures : c'est pourquoi les hommes très sensibles comme le sont en général les infortunés se complaisent à habiter de petites retraites. Ce que le sentiment gagne en force, il le perd en étendue : quand la république romaine finissait au mont Aventin, ses enfants mouraient avec joie pour elle; ils cessèrent de l'aimer lorsque ses limites atteignirent les Alpes et le Taurus. C'était sans doute quelque raison de cette espèce qui nourrissait chez le mousse anglais cette prédilection pour son vaisseau paternel. Passager inconnu sur l'Océan de la vie, il voyait s'élever les mers entre lui et nos douleurs : heureux de n'apercevoir que de loin les tristes rivages du monde!

Chez les peuples civilisés l'amour de la patrie a fait des prodiges. Dans les desseins de Dieu, il y a toujours une suite; il a fondé sur la nature l'affection pour le lieu natal, et l'animal partage en quelque degré cet instinct avec l'homme; mais l'homme le pousse plus loin, et transforme en vertu ce qui n'était qu'un sentiment de convenance universelle : ainsi les lois physiques et morales de l'univers se tiennent par une chaîne admirable.

C'est lorsque nous sommes éloignés de notre pays que nous sentons surtout l'instinct qui nous y attache. A défaut de réalité on cherche à se repaître de songes; le cœur est expert en tromperies : quiconque a été nourri au sein de la femme a bu à la coupe des illusions. Tantôt c'est une cabane qu'on aura disposée comme le toit paternel; tantôt c'est un bois, un vallon, un côteau à qui l'on fera porter quelques-unes de ces douces appellations de la patrie. Andromaque donne le nom de Simoïs à un ruisseau. Quelle touchante vérité dans ce petit ruisseau qui retrace un grand fleuve de la terre natale! Loin des bords qui nous ont vus naître, la nature est comme diminuée, et ne nous paraît plus que l'ombre de celle que nous avons perdue.

Une autre ruse de l'instinct de la patrie, c'est de mettre un grand prix à un objet en lui-même de peu de valeur, mais qui vient de notre pays et que nous avons emporté dans l'exil. L'âme semble se répandre jusque sur les choses inanimées qui ont partagé nos destins.

On dit qu'un Français, obligé de fuir pendant la Terreur, avait acheté de quelques deniers qui lui restaient une barque sur le Rhin; il s'y était logé avec sa femme et ses deux enfants. N'ayant point d'argent, il n'y avait point pour lui d'hospitalité. Quand on le chassait d'un rivage, il passait sans se plaindre à l'autre bord; souvent poursuivi sur les deux rives, il était obligé de jeter l'ancre au milieu du fleuve. Il pêchait pour nourrir sa famille, mais les hommes lui disputaient encore les secours de la Providence. La nuit il allait cueillir des herbes sèches pour faire un peu de feu, et sa femme demeurait dans de mortelles angoisses jusqu'à son retour. Obligée de se faire sauvage entre quatre nations civilisées, cette famille n'avait pas sur le globe un seul coin de terre où elle osât mettre le pied; toute sa consolation était en errant dans le voisinage de la France, de respirer quelquefois un air qui avait passé sur son pays.

CHATEAUBRIAND.

2. — L'union nationale.

SUJET

En quel sens convient-il de comprendre cette pensée de H. Marion. « On est de la patrie qu'on aime et dont on veut être »?

PLAN

Écarter le sens de l'abandon de la patrie naturelle et du choix consécutif d'une patrie d'adoption.

La signification raisonnable et morale est que pour être vraiment d'une patrie il ne suffit pas d'y être né, de profiter de ses avantages, d'en partager les charges, d'en accepter les lois avec indifférence, comme par nécessité.

Celui-là seul est de sa patrie, qui par volonté et par amour se fait solidaire de ses destins.

Dans le premier cas, on n'a qu'en apparence une patrie. Le lien est fragile.

Dans le second cas, intime union de la conscience, du cœur et de l'énergie avec l'âme nationale.

La pensée de M. Marion eût gagné en force et en précision s'il avait dit :

« On est de sa patrie seulement quand on l'aime et que l'on en veut être ».

3. — La loi.

SUJET

Expliquer le sens et la portée de cette proposition : l'État n'existe que par la loi.

PLAN

A. *Définition de la loi* : c'est une convention, un contrat.

  a) *Son caractère* : cette loi diffère des lois naturelles en ce que les hommes peuvent à leur gré l'accepter ou la repousser, la modifier ou s'y soustraire sans renoncer à l'existence.

  b) *Son but* : c'est l'organisation ou le règlement des intérêts positifs et actuels des membres de l'État.

B. Il peut bien exister des groupements humains antérieurement à toute loi, à tout contrat social. Ces groupements n'ont d'autres règles que l'instinct, le besoin, peut-être l'affection.

  a) Tout y reste vague, incertain, facultatif, confus.

  b) La suprématie doit y appartenir à la force et sans aucun recours au droit.

C. Il n'y a d'État proprement dit, c'est-à-dire de société régulière, permanente que du moment où un principe commun définit à quelles conditions les individus sont admis dans la société.

RÉFÉRENCE

Sitôt que les hommes sont en société ils perdent le sentiment de leur faiblesse; l'égalité qui était entre eux cesse et l'état de guerre commence.

Chaque société particulière vient à sentir sa force, ce qui produit un état de guerre de nation à nation. Les particuliers dans chaque société commencent à sentir leur force; ils cherchent à tourner en leur faveur les principaux avantages de cette société; ce qui fait entre eux un état de guerre.

Ces deux sortes d'état de guerre font établir les lois parmi les hommes. Considérés comme habitants d'une si grande planète qu'il est nécessaire qu'il y ait différents peuples, ils ont des lois dans le rapport que ces peuples ont entre eux; et c'est le *Droit des gens*. Considérés comme vivant dans une société qui doit être maintenue, ils ont des lois dans le rapport qu'ont ceux qui gouvernent avec ceux qui sont gouvernés; et c'est le *Droit politique*. Ils en ont encore dans le rapport que tous les citoyens ont entre eux, et c'est le *Droit civil*.

. . . .

Une société ne saurait subsister sans gouvernement.... La loi, en général, est la raison humaine en tant qu'elle gouverne tous les peuples de la terre; et les lois politiques et civiles de chaque nation ne doivent être que les cas particuliers où s'applique cette raison humaine.

Elles doivent être tellement propres au peuple pour lequel elles sont faites, que c'est un très grand hasard si celles d'une nation peuvent convenir à une autre....

Elles doivent être relatives au physique du pays, au climat glacé, brûlant ou tempéré; à la qualité du terrain, à sa situation, à sa grandeur; au genre de vie des peuples, laboureurs, chasseurs ou pasteurs; elles doivent se rapporter au degré de liberté que la constitution peut souffrir; à la religion des habitants, à leur inclination, à leurs richesses, à leur nombre, à leur commerce, à leur mœurs, à leurs manières.

MONTESQUIEU, *l'Esprit des lois.*

4. — L'insurrection.

SUJET

Est-il admissible qu'il se produise dans la vie de la cité telle conjoncture où, comme l'ont proclamé certains tribuns, « l'insurrection est le plus saint des devoirs » ?

PLAN

A. Fondement de la cité, la loi ; — pouvoir chargé d'assurer l'exécution des lois, gouvernement; conditions d'existence de la cité, obéissance à la loi.

   a) Deux conditions de légitimité du gouvernement:

     1° Qu'il soit constitué tel que le définit la loi acceptée par la nation;

     2° Que lui-même obéisse aux lois qu'il applique.

   b) Nécessité que le gouvernement se fasse respecter, puisqu'il est le gardien et le représentant de la loi; refuser obéissance au gouvernement régulier, c'est enfreindre la loi.

B. Deux cas possibles :

     1° Le gouvernement s'est établi illégalement, ou légal à son origine gouverne contre la légalité;

     2° La loi est mal faite et mauvaise.

Corollaire : deux crises de caractère différent :

     I. Pour changer le gouvernement en conservant les lois;

     II. Pour changer les lois sans renverser le gouvernement.

   a) 1er CAS. Le *gouvernement* est contraire à la *légalité* : c'est lui qui est vraiment l'insurgé. Le recours à la force dans les conditions prévues par la loi n'est donc pas une insurrection. Donc affranchir par la force un pays d'une domination étrangère ou d'un gouvernement illégal, ce n'est pas une insurrection coupable, c'est au contraire lutter pour le droit et pour la loi.

b) 2° CAS. *La loi est mauvaise.* — Qu'est-ce qu'une loi mauvaise? Que faire si elle l'est?

C. La loi peut être mauvaise de trois façons :

1° Elle porte préjudice à une catégorie de citoyens en favorisant d'un privilège certains autres;

2° Elle méconnaît ou compromet les intérêts du pays tout entier;

3° Enfin elle contredit formellement la loi morale en ordonnant des actes contraires a l'honnête.

a) Principe : c'est par les voies légales qu'il faut obtenir l'abrogation et la réforme des lois mauvaises.

b) Objet de toute loi positive : régler des intérêts dans un ensemble de conditions données; les conditions changeant, la loi ne s'adapte plus aux nécessités pratiques. — Devoir, en la circonstance :

1° Du législateur, étude des réformes;

2° Du citoyen, avertissements au législateur et patience.

c) *Loi mauvaise par création de privilège* : droit de protestation des citoyens lésés; devoir de résignation : le préjudice éprouvé par un groupe même considérable de particuliers est dans tous les cas moins grave que le préjudice général qui résulterait des désordres publics. — Opérer la réforme par la discussion et la persuasion.

d) *Loi mauvaise pour les intérêts généraux* : devoir des citoyens de faire entendre au législateur des protestations motivées, de refuser obéissance à cette loi, à ses risques et périls, mais sans violence, de façon que, les conséquences funestes de la loi mauvaise apparaissant nettement, le législateur soit obligé de reconnaître son erreur et de réformer la loi.

e) *Loi nettement contraire à la loi morale* : celle-ci doit l'emporter toujours; le devoir absolu du citoyen est de refuser de commettre une faute contre la loi morale; mais ce n'est pas là non plus le devoir ni même le droit de s'insurger dans le sens d'une violence publique. Le refus d'obéissance suffit, et il est beau d'en supporter toutes les conséquences en usant de tous les moyens de défense légale afin

‹ d'obtenir, comme dans le cas précédent, la suppression d'une telle loi par l'évidence du mal qu'elle cause.

D. Avantage et devoir d'autant plus étroit de respecter les voies légales dans les démocraties; la loi n'y est pas l'œuvre arbitraire d'un seul. — Élection des législateurs; — puissance du bulletin de vote.

E. Conclusion. — Tout citoyen peut donc toujours, en suivant ces principes, mettre d'accord avec sa conscience l'obéissance due à la loi et l'intérêt de la cité.

RÉFÉRENCE

(Socrate, condamné à mort en conséquence d'une injuste accusation, répond dans sa prison à son disciple Criton qui lui offre un moyen d'évasion) :

Au moment de nous enfuir, ou comme il te plaira d'appeler notre sortie, si les lois et la République elle-même venaient se présenter devant nous et nous disaient : « Socrate, que vas-tu faire? l'action que tu prépares ne tend-elle pas à renverser, autant qu'il est en toi, et nous et l'État tout entier? car quel État peut subsister où les jugements rendus n'ont aucune force, et sont foulés aux pieds par les particuliers? » que pourrions-nous répondre, Criton, à ce reproche et à beaucoup d'autres semblables qu'on pourrait nous faire? Répondrons-nous que la République nous a fait injustice et qu'elle n'a pas bien jugé?

CRITON. Oui, sans doute, Socrate, nous le dirons.

SOCRATE. Et les lois, que diront-elles? « Socrate, est-ce de cela que nous sommes convenus ensemble ou de te soumettre aux jugements rendus par la République? » Et si nous paraissions surpris de ce langage, elles nous diraient peut-être : « Ne t'étonne pas, Socrate; mais réponds-nous. Dis, quel sujet de plainte as-tu donc contre nous et la République, pour entreprendre de nous détruire? N'est-ce pas nous à qui d'abord tu dois la vie? N'est-ce pas sous nos auspices que ton père prit pour compagne celle qui t'a donné le jour? Parle, sont-ce les lois relatives aux mariages qui te semblent mauvaises? Non pas, dirais-je. Ou celles qui président à l'éducation? et suivant lesquelles tu as été élevé toi-même? Ont-elles mal fait de prescrire à ton père de t'instruire dans les exercices de l'esprit et dans ceux du corps? — Elles ont très bien fait. — Eh bien! si tu nous dois la naissance et l'éducation, peux-tu nier que tu sois notre enfant et notre serviteur, toi et ceux dont tu descends? et, s'il en est ainsi, crois-tu avoir des droits égaux aux nôtres, et qu'il te soit permis de nous rendre tout ce que nous pourrions te faire souffrir? Eh quoi! à l'égard d'un père ou d'un maitre, si tu en avais un, tu n'aurais pas le droit de lui faire ce qu'il te ferait; de lui tenir des discours offensants s'il t'injuriait; de le frapper, s'il te frappait, ni rien de semblable; et tu aurais ces droits envers les lois et la patrie! et si nous avions prononcé ta mort, croyant qu'elle est juste, tu entreprendrais de nous détruire! Ta sagesse va-t-elle jusqu'à ne pas savoir que la patrie a plus de droit à nos respects et à nos hommages, qu'elle est plus auguste et plus sainte devant les·dieux et les hommes sages, qu'un père, qu'une mère, et que tous les aïeux; qu'il faut respecter la patrie dans sa colère, avoir pour elle plus de soumission et plus d'égards que pour un père, la ramener par la persuasion ou obéir à ses ordres, souffrir sans murmurer tout ce qu'elle commande de souffrir, fût-ce d'être battu ou chargé de chaines; que si elle nous envoie à la guerre pour être blessés ou tués il faut y aller; que le devoir est là, et qu'il n'est permis ni de reculer ni de lâcher de pied, ni de quitter son poste; que, sur le champ de bataille, et devant le tribunal et partout, il faut faire ce que veut la République, ou employer auprès d'elle les moyens de persuasion que la loi accorde; qu'enfin si c'est une impiété de faire violence à un père et à une mère, c'en est une bien plus grande de faire violence à la patrie? »

PLATON

5. — L'impôt et la fraude.

SUJET

« Combien de braves gens incapables de faire tort d'un centime à une personne dénommée, n'hésitent pas à fruster le trésor public soit par de fausses déclarations de ventes, de baux, soit en s'abstenant au passage de la frontière, ou de la barrière, de déclarer les objets soumis aux droits de douane ou d'octroi, niant même qu'ils aient quelque chose à déclarer, et cela sous prétexte que l'État n'est pas quelqu'un. »

Réfuter cette erreur et faire voir combien de fautes sont contenues dans cette fraude.

PLAN

A. L'État est quelqu'un : personne collective : c'est la totalité des citoyens, non seulement présents mais futurs.

   a) Tout préjudice subi par l'État est supporté en partie par chaque citoyen.

   b) Le citoyen est un associé : il n'a droit aux avantages de l'association que s'il s'acquitte de sa part de charges.

   c) L'impôt est une dette reconnue et consentie.

B. Les impôts (douane, octroi, enregistrement, etc.) servent aux frais d'entretien des services publics, des domaines nationaux, de la défense commune.

C. Le fraudeur commet en un seul acte une série de fautes honteuses :

Mensonge, tromperie et abus de confiance, infidélité à ses engagements (pour être admis à jouir des avantages de la cité il est censé en connaître les lois et y avoir adhéré, et il continue à profiter des avantages sans payer sa dette).

Vol au détriment de la communauté.

Iniquité ruinant l'égalité des citoyens devant la loi, — il se crée un privilège illicite en s'affranchissant de sa quote-part d'impôt, et grève d'autant la part des autres.

D. Perversion d'esprit de celui qui croit n'avoir montré qu'une ingénieuse habileté en trompant le fisc.

E. La punition légale de la fraude réprime non seulement un délit matériel, mais une véritable défaillance morale.

RÉFÉRENCE

L'impôt par tête est plus naturel à la servitude; l'impôt sur les marchandises est plus naturel à la liberté, parce qu'il se rapporte d'une manière moins directe à la personne.... Le tribut naturel au gouvernement modéré est l'impôt sur les marchandises. Cet impôt étant réellement payé par l'acheteur quoique le marchand l'avance, est un prêt que le marchand a déjà fait à l'acheteur.

MONTESQUIEU.

6. — Le service militaire.

·SUJET

La loi qui en France faisait dépendre le service militaire du tirage au sort et de plus permettait aux citoyens appelés de se faire remplacer à l'armée, possédait-elle toutes les conditions désirables de moralité? et, si non, quels défauts lui reconnaissez-vous?

PLAN

A. Fixer les conditions de moralité d'une loi — examiner celle-là selon ces conditions.

B. Tout homme doit vouloir défendre sa patrie et s'en rendre capable.

    a) Mutualité continue de la protection d'une génération à l'autre.

    b) Le mode et la mesure du service militaire dépendent de la situation variable de l'État. Conception possible d'un État qui n'aurait pas besoin d'armée.

    c) Distinguer comme non nécessairement liées ces deux conditions : procédé du tirage au sort et remplacement.

C. Le tirage au sort : il suppose le fait que la Patrie pour se défendre n'a pas besoin de tous les citoyens capables de porter les armes.

    a) Dans ce cas, comment choisir avec justice et égalité? — Égalité devant la chance du tirage au sort. — Tout autre procédé est arbitraire.

    b) L'exemption par le sort n'est pas un privilège institué par le pouvoir politique.

    c) Dans le cas où la défense de la patrie exige le concours de tous les citoyens valides, le tirage au sort n'a plus de raison d'être, en principe.

D. Le remplacement : il n'est possible que là où la loi n'impose pas le service militaire à tous sans distinction jusqu'à l'âge de l'extrême maturité.

a) Arguments contre :

1° Privilège de la fortune, — rachat d'un devoir à prix d'argent.

2° Moins intime attachement du remplacé pour la défense nationale.

3° Risque de fournir à l'armée un mauvais soldat, d'après cette hypothèse que celui qui se vend révèle par ce fait une basse moralité.

4° Déconsidération du service militaire, si les misérables ou les paresseux sans profession sont seuls à les subir.

5° Encouragement à la dégradation morale par l'aliénation vénale de la personne humaine.

6° Grand nombre de citoyens non préparés à la guerre en cas de besoin.

b) Arguments pour :

1° Possibilité d'être un bon et utile citoyen sans subir le service militaire : — inconvénient de ce service pour la préparation aux professions civiles de tout ordre, nécessaires au bien de l'État.

2° Quand la patrie a besoin d'un nombre déterminé de soldats, qu'importe que le service soit accompli par tel homme plutôt que par tel autre, à condition que le remplaçant soit pourvu des qualités communes exigées du remplacé?

3° Si les remplaçants sont impropres ou réfractaires au travail civil, n'est-ce pas plutôt un bien et pour eux et pour la société qu'ils soient occupés à l'armée?

4° Il n'est pas certain que le remplaçant fasse un plus mauvais soldat que le remplacé; probabilité du contraire, puisqu'il se substitue volontairement à un appelé qui certainement n'a pas de goût pour le service militaire.

E. Le principe de l'obligation du service militaire égale pour tous est moral : intérêt égal de tous les citoyens à la défense nationale.

a) En pratique cette obligation est relative aux conditions accidentelles du rapport des États entre eux.
— Chiffre énorme des effectifs actuels. — Conséquence : énormité des dépenses; excès des impôts; ralentissement des affaires, appauvrissement général.

b) Conséquence de la réduction des effectifs, retour possible aux anciens errements, mais correction nécessaire à la situation du dispensé :

1° Par une contribution spéciale (argent ou service civil personnel);

2° Par l'obligation de justifier d'un apprentissage libre des exercices militaires.

RÉFÉRENCE

Une maladie nouvelle s'est répandue en Europe; elle a saisi nos princes, et leur fait entretenir un nombre désordonné de troupes. Elle a ses redoublements et devient nécessairement contagieuse : car sitôt qu'un État augmente ce qu'il appelle ses troupes, les autres soudain augmentent les leurs; de façon qu'on ne gagne rien par là que la ruine commune. Chaque monarque tient sur pied toutes les armées qu'il pourrait avoir si ses peuples étaient en danger d'être exterminés; et on nomme paix cet état d'effort de tous contre tous. Aussi l'Europe est-elle si ruinée que les particuliers qui seraient dans la situation où sont les trois puissances de cette partie du monde les plus opulentes, n'auraient pas de quoi vivre. Nous sommes pauvres avec les richesses et le commerce de tout l'univers; et bientôt à force d'avoir des soldats, nous n'aurons plus que des soldats, et nous serons comme des Tartares.... La suite d'une telle situation est l'augmentation perpétuelle des tributs (impôts); et, ce qui prévient tous les remèdes à venir, on ne compte plus sur les revenus, mais on fait la guerre avec son capital.

MONTESQUIEU.

N. B. Montesquieu écrivait déjà cette sage critique dans le second quart du XVIII° siècle. Depuis le mal a empiré. En 1899, le tsar Nicolas II a provoqué une conférence universelle, réunie à la Haye, en vue d'une convention internationale de désarmement : elle n'a rien produit d'efficace en ce sens.

7. — L'esprit militaire.

SUJET

Dans un passage célèbre du *Télémaque*, Mentor dit : « Quand même on tiendrait dans son camp la victoire comme enchaînée, on se détruit soi-même en détruisant ses ennemis; on dépeuple son pays; on laisse les terres incultes; on trouble le commerce; mais ce qui est bien pis, on affaiblit les meilleures lois, et on laisse corrompre les mœurs; la jeunesse ne s'adonne plus aux lettres; le pressant besoin fait qu'on souffre une licence pernicieuse dans les troupes : la justice, la police, tout souffre de ce désordre. »

Faudrait-il conclure de ce tableau qu'un peuple a tort d'entretenir une armée, et en son âme l'esprit militaire? n'est-il pas plus vrai de prétendre que cet esprit militaire bien défini, bien compris, préviendra le désordre que décrit Mentor?

PLAN

A. A quel point de vue Fénelon faisant ainsi parler Mentor a-t-il raison?

D'abord au point de vue général des funestes effets de la guerre; accord universel pour les déplorer, et désirer leur suppression.

Puis au point de vue plus particulier des conquérants, des princes, guerriers par ambition, par fureur naturelle.

Et comme conséquence de cette situation, point de vue des faveurs excessives accordées par le prince à des armées mercenaires, soustraites à toute autre loi que celle de la discipline des camps et de l'ordre arbitraire du prince.

B. En opposition à ces points de vue, montrer le devoir sacré de la défense nationale, le crime d'un peuple qui néglige de garantir sa personnalité, ou pis encore y renonce.

C'est le suicide de la nation.

C. Distinction de l'esprit militaire (obéissance à la discipline, dévouement à la patrie, abnégation) et de l'esprit belliqueux (tendance à opprimer le droit par les armes, passions égoïstes et brutales).

D. Contraste des armées mercenaires, où le soldat est un rebut d'humanité, et de l'armée nationale, — où tout citoyen accomplit par devoir une période de service, où les grades s'obtiennent par le mérite, selon une hiérarchie fixée par la loi; discipline précise et forte — code pénal militaire; — l'armée au service de la LOI et non des ambitions des chefs ou du prince, concourt à maintenir l'ordre à l'intérieur, comme à protéger des attaques extérieures l'indépendance nationale.

RÉFÉRENCE

Qu'on mette d'un côté cinquante mille hommes en armes; d'un autre, autant; qu'on les range en bataille; qu'ils viennent à se joindre, les uns libres combattants pour leur franchise, les autres pour la leur ôter; auxquels promettra-t-on par conjecture la victoire? lesquels pensera-t-on qui plus gaillardement iront au combat, ou ceux qui espèrent pour guerdon (récompense) de leur peine l'entretènement de leur liberté, ou ceux qui ne peuvent attendre loyer des coups qu'ils donnent ou qu'ils reçoivent, que la servitude d'autrui? Les uns ont toujours devant leurs yeux le bonheur de leur vie passée, l'attente de pareille aise à l'avenir; il ne leur souvient pas tant de ce qu'ils endurent ce peu de temps que dure une bataille, comme de ce qu'il conviendra à jamais endurer à eux, à leurs enfants et à toute la postérité. Les autres n'ont rien qui les enhardisse, qu'une petite pointe de convoitise qui se rebouche soudain contre le danger, et qui ne peut être si ardente qu'elle ne se doive et semble éteindre par la moindre goutte de sang qui sorte de leurs plaies.

La Boëtie.

« Un peuple libre a toute chance de vaincre quand il défend sa liberté, à une condition, c'est qu'il ait appris à la défendre; s'il ne sait pas s'imposer les sacrifices nécessaires à l'apprentissage de la guerre, il n'est pas digne de la vie libre; et la suite de la défaite c'est toujours la perte ou la diminution de la liberté. » (Pz.)

8. — Le patriotisme prévoyant est lié à l'intérêt personnel.

SUJET

« Labourer, semer à temps, être aux champs dès le matin, ce n'est pas tout, il faut ramasser la récolte. Aligne tes plants, mon ami, tu provigneras l'an qui vient, et quelque jour tu feras du bon vin; mais qui le boira? Rostopchin, si tu ne te tiens pas prêt à le lui disputer. » (PAUL-LOUIS COURIER.)

Quel devoir en découle? Comment l'accomplirez-vous?

PLAN

A. Évidence de la nécessité et de l'obligation du service militaire en temps de guerre. — Objection contre ce service en temps de paix : il est inutile, — l'agriculture, le commerce, l'industrie ont besoin des bras occupés à porter les armes.

B. La défense efficace ne s'improvise pas. — Comme tous les métiers, le métier militaire exige un apprentissage. — Maniement des armes, manœuvres, endurance, accoutumance aux incidents de guerre, etc.

C. Incertitude absolue du moment où surgit la guerre. — Danger des surprises. — Tentation de l'adversaire de profiter du désarmement et de la faiblesse présumée du peuple qui délaisse le service militaire. — La préparation constante à la guerre est le plus sûr moyen de l'éviter.

D. Préparation à la défense nationale. — Service militaire à la caserne et au camp. — Exercice technique. — Instruction spéciale. — Discipline. — L'esprit militaire; il n'est pas la passion guerrière. — Il n'est pas en contradiction avec l'ordre civil — Le soldat ne cesse pas d'être citoyen. — A toute heure de sa vie, le patriote, même libéré du service obligatoire, doit être prêt à redevenir soldat.

9. — Le sentiment civique.

SUJET

Racontant la prise de la Bastille, le 14 juillet 1789, Michelet, après avoir affirmé que les armes, les munitions, les défenses de la forteresse permettaient à la garnison de faire en toute sécurité un affreux carnage des assaillants, ajoute : « L'attaque de la Bastille ne fut

nullement raisonnable. Ce fut un acte de foi.... Qu'est-
ce que la Bastille faisait au peuple ? Les hommes du
peuple n'y entrèrent presque jamais. Mais la Justice
lui parlait, et une voix qui plus fortement encore
parle au cœur, la voix de l'humanité et de la miséri-
corde. »

PLAN

Un acte raisonnable est celui qui fut calculé d'après des
informations exactes. — Si les chances de succès sont infé-
rieures aux chances d'échec, l'acte est déraisonnable.

En des circonstances exceptionnelles un acte déraisonnable peut être empreint de beauté morale : inspiration
généreuse, dévouement, sacrifice, — protestation de la
charité, de la justice, contre la force ou l'inhumanité.

L'effort est d'autant plus beau que le bénéfice du succès
ne revient pas à celui qui meurt.

— La Bastille était le monument de l'arbitraire.

En l'attaquant, le peuple affirmait la solidarité profonde
de toutes les classes de la nation, malgré l'inégalité de fait
de ces classes.

— La foi est une croyance sans motifs selon la raison ;
un acte de foi procède d'un élan spontané de l'âme sou-
levée et guidée par un sentiment. — L'enthousiasme en
est le suprême degré.

En regard de la beauté de ces emportements quand leur
objet est conforme à la justice, donc à la raison, en noter
le danger si leur direction s'égare : le fanatisme est un
enthousiasme vicié.

10. — Le gouvernement.

SUJET

Pascal n'a-t-il pas tracé la condition suprême de
l'organisation de la société politique et de la réparti-
tion de l'autorité et des fonctions dans l'État lorsqu'il
écrivait : « La justice sans la force est impuissante.

La force sans la justice est tyrannique. Il faut donc mettre ensemble la justice et la force et pour cela faire que ce qui est juste soit fort et que ce qui est fort soit juste. » Caractérisez d'après cela ce que doit être le législateur, le magistrat, le chef militaire, tout fonctionnaire civil du pouvoir exécutif.

PLAN

A. Deux parties également importantes, mais d'inégal développement :

    1° Le principe d'organisation sociale et politique (rapports entre la force et la justice).

    2° Déductions pratiques de ce principe (détermination des devoirs des gouvernants).

B. La force sans justice, c'est la tyrannie : c'est-à-dire gouvernement arbitraire — suppression de toute garantie de la vie, de la liberté, de la propriété des citoyens.

    a) La tyrannie acceptée, c'est l'avilissement des âmes.

    b) La tyrannie répudiée, c'est la révolte ou la guerre civile. La force sans justice est donc mauvaise en soi et dans tous ses effets.

C. La justice (*définir*) est belle et bonne en soi. Elle devrait suffire sans le secours d'aucune force si tous les hommes la comprenaient et l'observaient semblablement et également.

    a) La nécessité de soutenir la justice par la force est la conséquence de la malice humaine.

    b) La justice ainsi idéale engendrerait seulement la faiblesse du juste s'il ne possédait aucune force pour la défense du droit.

    c) La justice dans sa représentation positive (la loi écrite et les magistrats) resterait sans effet si la force publique n'intervenait pour imposer le respect des arrêts, des sentences et des jugements.

    d) Nécessité des bonnes lois et des bons magistrats.

D. La justice, et non pas seulement la légalité, doit donc dominer l'esprit de tout homme détenant une portion quelconque de l'autorité positive ou force publique.

    a) Le législateur. Qualités qu'il doit posséder : Connaissance complète du principe moral de la justice et de toute la législation existante. Désintéressement, préoccupation unique de l'intérêt public, subordonné toutefois à la règle souveraine du juste. Son indépendance vis-à-vis du pouvoir exécutif.

b) *Le magistrat.* Instruction générale et expérience de la vie indispensables à la connaissance de l'homme et des motifs qui le font agir. — Instruction spéciale de législation et jurisprudence. — Qualités morales : intégrité, indépendance de caractère, sentiment exact de la dignité de la fonction. *Il rend des arrêts et non des services.*

c) *Le chef militaire* représente d'une façon toute directe la force ; à cause de cela même doit d'autant plus s'attacher au principe de la justice et au respect de la loi. Le grade acquis par la vaillance et par la capacité technique.

d) *Le fonctionnaire du pouvoir exécutif* à tous les degrés doit l'exemple de la soumission à la loi. Emploi de son autorité pour prévenir ou supprimer tout désordre. Connaissance nécessaire de la limite, de la forme de ses attributions.

E. Double écueil du gouvernement : la rigueur ou la mollesse. — Abus ou dédain de la *raison d'État.* — L'erreur, la faute du gouvernant, quel qu'il soit, cause à l'État un préjudice incalculable, parce qu'elle semble un abaissement de la justice sous un abus de la force et fait ainsi douter de l'efficacité de la loi.

F. *Conclusion.* — L'examen des circonstances de la vie pratique confirme la démonstration théorique de la vérité exprimée par Pascal.

RÉFÉRENCE

La corruption de chaque gouvernement commence avec l'oubli des principes....

C'est au législateur à suivre l'esprit de la nation lorsqu'il n'est pas contraire aux principes du gouvernement, car nous ne faisons rien de mieux que ce que nous faisons librement, et en suivant notre génie naturel. Qu'on donne un esprit de pédanterie à une nation naturellement gaie, l'État n'y gagnera rien ni pour le dedans ni pour le dehors. Laissez-lui faire les choses frivoles sérieusement, et gaiement les choses sérieuses.

MONTESQUIEU.

11. — Le pouvoir judiciaire.

SUJET

Diderot raconte qu'à Messine, dans un temps où les lois étaient non seulement sans vigueur, mais sans exercice, où chaque jour était marqué par des crimes impunis, les coupables échappant au châtiment ou par leur crédit ou par leur argent, ou par le subterfuge des formes procédurières, un cordonnier vertueux, ami de l'ordre et de la justice, s'avisa d'établir une cour de justice dans sa boutique. Il s'attribua les fonctions d'enquêteur, de rapporteur et de juge. La sentence fixée, il sortait avec une arquebuse et exécutait de sa main les malfaiteurs, sans passion personnelle. Puis il regagnait sa demeure, content comme quelqu'un qui aurait tué un chien enragé.

Diderot conclut : « Avec tout ce beau zèle de la justice, cet homme n'était qu'un meurtrier ». Êtes-vous de cet avis ? exposez vos motifs.

PLAN

A. Le droit de punir a pour fondement la légitime défense et pour objet la répression du crime et la protection de la société et de chacun de ceux qui la composent.

    a) Imperfection du jugement individuel.

    b) La société se substitue à l'individu lésé pour punir le coupable, afin d'infliger en connaissance de cause un châtiment équitable.

    c) Si la société ou les magistrats qui la représentent manquent à ce devoir, chacun ne reprend-il pas son droit de légitime défense ?

    d) A plus forte raison ne peut-on pas approuver celui qui, ne vengeant pas des injures personnelles, pour-

suit la répression des crimes sans autre souci que
la justice et la protection des faibles?

c) L'intention du cordonnier est des plus louables : il
s'expose aux représailles des malfaiteurs. — Que
vaut son acte?

Γ. Conditions nécessaires de la justice répressive :

1º Qu'elle soit exercée en vertu d'une délégation
régulière de la société.

2º Qu'elle soit publique et non occulte.

3º Que tout jugement soit précédé d'une enquête.

4º Que l'accusé soit présent au jugement et puisse
se défendre.

5º Que la peine prononcée soit proportionnelle à la
gravité du crime et à la responsabilité du cou-.
pable.

6º Que la peine soit non arbitraire et imprévue,
mais édictée par une loi antérieure à l'acte jugé.

7º Qu'elle serve non seulement à l'expiation de la
faute, mais à l'amélioration du coupable.

C. Aucune de ces conditions ne se trouve dans la procé-
dure sommaire et arbitraire du cordonnier de Messine.

a) Nulle certitude de la justice de sa répression :

1º Erreur possible sur la personne des suspects et
des condamnés.

2º Erreur possible dans l'appréciation des actes
jugés criminels.

3º Erreur possible dans la proportion de la peine.

b) A un désordre, il ajoutait un désordre; — ce n'est
pas rétablir la justice que d'usurper le pouvoir
judiciaire.

RÉFÉRENCE

DÉCLARATION DES DROITS ET DES DEVOIRS DE L'HOMME ET DU CITOYEN

Art. 7. — Nul homme ne peut être accusé, arrêté, ni détenu
que dans les cas déterminés par la loi, et selon les formes
qu'elle a prescrites. Ceux qui sollicitent, expédient, exécutent
ou font exécuter des ordres arbitraires, doivent être punis;
mais tout citoyen appelé ou saisi en vertu de la loi doit obéir à
l'instant : il se rend coupable par sa résistance.

Art. 8. — La loi ne doit établir que des peines strictement et
évidemment nécessaires, et nul ne peut être puni qu'en vertu

d'une loi établie et promulguée antérieurement au délit et léga-
lement appliquée.

Art. 9. — Tout homme étant présumé innocent jusqu'à ce
qu'il ait été déclaré coupable, s'il est indispensable de l'arrêter,
toute rigueur qui ne serait pas nécessaire pour s'assurer de sa
personne doit être sévèrement réprimée par la loi.

12. — Le dévouement à la patrie.

SUJET

« C'est à la guerre, dit Aristote, que se rencontrent
les occasions les plus belles. C'est ce que prouvent
les honneurs que prodiguent aux guerriers courageux
les cités et les monarques. »

De quelles occasions parlent-ils ? Acceptez-vous
sans réserve ni objections cette opinion ?

PLAN

A. La guerre met en péril l'existence même des États et
des citoyens. Le guerrier protège la vie, la liberté, l'honneur, les biens de ses concitoyens.

a) L'attention de tous est naturellement concentrée sur
les actions militaires pendant la guerre.

b) Le guerrier expose sa vie, sa liberté pour protéger tout
ce que ses concitoyens craignent le plus de perdre :
de là, reconnaissance et admiration publiques.

c) Il souffre des privations, des fatigues, des blessures :
de là commisération et sympathie.

d) Exaltation de ces sentiments, si en une circonstance extraordinairement critique le guerrier est
héroïque. — Plus la crainte de la défaite a hanté le
peuple, plus il sait gré au héros d'avoir vaincu. —
Circonstances dramatiques impressionnant l'imagination.

B. Ces circonstances se rencontrent, mais plus rares et
moins propres à soulever l'unanime enthousiasme, dans la
vie civile.

a) Beauté du courage civique; — moindre effet de cet héroïsme sur l'imagination de la masse. Pourquoi?

b) Différence entre le caractère de l'héroïsme civique et le caractère de l'héroïsme militaire : l'héroïsme civique ne se manifeste que dans les crises ou catastrophes qui toujours laissent plus de motifs de s'affliger du mal qu'elles font que de se réjouir du dévouement qu'elles provoquent : incendie, inondation, épidémie, troubles politiques.

c) Dans ce dernier cas divergence des opinions, l'occasion est moins belle quoique le courage civique soit aussi admirable. Exemple de comparaison : le même héroïsme militaire déployé dans la guerre contre l'ennemi extérieur ou dans la répression de l'émeute : différence de gloire et d'honneurs accordés au héros.

C. Conclusion. — Au point de vue du fait et du résultat positif recueilli par le héros, justesse du mot d'Aristote. Au point de vue supérieur de la grandeur morale, la vie civile offre au courage et au dévouement d'aussi belles occasions, dignes de n'être pas moins illustres.

RÉFÉRENCE

Il est, n'en doutons pas, des héros de tous les temps et de toutes les professions, la paix a les siens comme la guerre et ceux que la justice consacre ont du moins la gloire d'être plus utiles au genre humain que ceux que la gloire a couronnés.

D'AGUESSEAU.

Mais comme la plupart des hommes mettent les services militaires bien au-dessus des fonctions civiles, c'est un préjugé qu'il est bon de combattre. Beaucoup de gens, en effet, ont souvent cherché la guerre par amour de la gloire; et ce sont en général les hommes d'une âme et d'un esprit élevé qui ont cette faiblesse, surtout s'ils sont propres à la conduite des armées, et s'ils aiment les combats.

Mais à juger sainement des choses, il s'est fait dans l'ordre civil une foule d'actions plus grandes et plus éclatantes que les plus hauts faits militaires. En effet, quelques justes éloges qu'on donne à Thémistocle, quoique son nom ait plus d'éclat que celui de Solon, et que l'on atteste les glorieux souvenirs de Salamine, pour mettre cette victoire au-dessus du dessein que

Solon exécuta de fonder l'Aréopage, cette dernière gloire ne doit pas être tenue pour moins belle que la première. La victoire de Salamine fut utile un jour à la Cité; l'institution de l'Aréopage le sera toujours; c'est par elle que se sont conservées les lois des Athéniens et les coutumes de leurs ancêtres. Thémistocle lui-même n'aurait pu rien citer en quoi il eût aidé l'Aréopage; Solon, au contraire, eût pu se vanter justement d'avoir aidé Thémistocle; car la guerre fut conduite par les conseils de ce sénat qu'il avait institué. On en peut dire autant de Pausanias et de Lysandre : bien qu'on attribue à leurs exploits l'agrandissement de la puissance lacédémonienne, leur mérite n'est comparable en rien aux lois et à la discipline établies par Lycurgue; c'est même à celles-ci qu'ils durent en partie la subordination et le courage de leurs armées.

Cicéron.

13. — L'esprit de corps.

SUJET

Qu'est-ce que l'esprit de corps?

Quels en sont les avantages et les inconvénients tant pour l'individu que pour la société?

PLAN

A. Définir l'esprit de corps : solidarité dans un groupe professionnel.

　　a) Son origine : similitude d'éducation, communauté de goûts et d'intérêts chez ceux qui se destinent à une même profession ou qui l'exercent.

　　b) Son but : défense des intérêts généraux de la corporation par chacun de ses membres, et des intérêts professionnels de chacun de ses membres par la corporation.

B. Ses effets pour l'individu.

　　a) Avantages :

　　　　1° Sauvegarde et protection de sa condition par l'aide morale et matérielle du corps dont il fait partie.

2° Soutien moral par l'idée de la dignité du corps auquel il appartient. — Discipline.

3° Entraînement à la charité et au dévouement, tout au moins dans la limite du groupe.

4° Donne à l'homme conscience de la force créée par l'union.

b) Inconvénients :

1° Restriction variable de son indépendance.

2° Déviation possible du jugement sous l'influence des traditions ou des partis pris de la corporation ; prédisposition au sophisme dit *de la tribu*.

3° Danger d'orgueil et d'injustice par suite de l'idée qu'on est soutenu par un corps puissant.

C. Pour la société : effet de l'esprit de corps.

a) Avantages :

1° Elle bénéficie des efforts que par amour-propre fait la corporation pour se perfectionner et s'améliorer elle-même.

2° La discipline particulière imposée par la corporation à ses membres contribue à l'ordre général de la société. (Conseil de l'ordre des avocats, chambre des notaires, des avoués, des huissiers, conseil de discipline des régiments, etc.)

3° Dans certaines circonstances la société trouve un point d'appui et une force dans la cohésion formée par l'esprit de corps en tel ou tel groupe de citoyens.

b) Inconvénients :

1° Danger moral : l'esprit de corps dégénéré en esprit de caste : il rompt l'unité morale de la nation

2° Autre danger de cette déformation : rupture de l'unité sociale et politique.

3° Danger de l'excès de puissance d'un groupe professionnel constituant une sorte d'État dans l'État.

D. *Conclusion.* — Les avantages de l'esprit de corps sont supérieurs aux inconvénients qu'il produit parce qu'il appartient d'une part aux éducateurs de préserver les âmes de l'excès de l'esprit de corps, d'autre part aux législateurs de réglementer et de circonscrire aux intérêts strictement professionnels le rôle et l'influence de chaque corporation ou groupe professionnel.

RÉFÉRENCE

N. B. Par analogie, on appliquera à l'esprit do corps les réflexions relatives à l'esprit do famillo, exprimées dans lo morceau suivant.

AVANTAGES ET DANGERS DE L'ESPRIT DE FAMILLE.

L'esprit de famillo fait la forco, la stabilité et la dignité des
familles, Il ressorro l'union en maintenant les traditions des
ancêtres et faisant marcher plusieurs générations dans une voie
commune et vers un même but. Ainsi se forme en chaquo pays
l'aristocratie do tous les degrés, et par cette transmission d'un
même esprit, une vertu plus solide, qui devient commo héré-
ditaire, s'établit dans les familles. Mais lo mal ici-bas est toujours à côté du bien, et souvent l'excès d'une qualité devient
un vice. Cet esprit conservateur tend naturellement à devenir
exclusif, jugeant tout au point do vue do son intérêt, de ses
maximes, de ses préjugés, et finissant souvent, à cause du changement inévitable des circonstances, par être en désaccord avec
le présent et hostile à l'avenir.

L'égoïsme et la rivalité des familles contribuent parfois à la
ruine de l'État. Si elles ne sont maintenues par un pouvoir
prépondérant comme dans les monarchies puissantes, elles
entrent en lutte et déchirent la société. On l'a vu au moyen
âge, alors que les forteresses des grandes familles hérissaiet
les montagnes, dominaient les plaines, embarrassaient les villes
et opprimaient les populations. La société était une guerre co-
tinuelle, d'autant plus qu'elle s'agitait au sein du même peuplo
et que personne ne pouvait y échapper. Aussi la monarchie
absolue, ou le despotisme, sortent presque toujours d'uno
pareillo situation, dont ils sont le triste remède.

L'esprit de famillo aveuglé, fanatisé par la passion, devient
encore par une autre voie un instrument d'injustice, de désordre
et de crime; il transmet, le mal comme le bien, les haines
comme les affections, et ce mal et ces haines envenimés par les
passions antérieures qu'ils ont excitées, s'infusent avec le sang,
par la parole et par les exemples dans le cœur des enfants. Ils y
deviennent commo une seconde nature, comme un instinct
funeste qui tend aveuglément à la ruine de ceux qui en sont
l'objet; et en outre, ces préjugés, légués par les ancêtres avec
l'autorité d'une dernière volonté, ont aux yeux de leurs descendants, quelque chose de sacré, qui confond malheureusement
dans leur esprit le crime avec le devoir. De là des ressenti-
ments interminables, des vengeances atroces, la soif du sang
ennemi, et d'épouvantables forfaits que les lois et les gouvernements sont trop souvent impuissants à empêcher et à punir.

L'abus le plus commun de l'esprit de famille est la partialité pour les siens contre l'équité et au mépris des droits d'autrui. C'est l'écueil ordinaire du pouvoir : ceux qui ont l'autorité en mains, qui distribuent les emplois ou manient la fortune publique, sont le plus tentés de ce côté, soit par les instances et l'avidité de leurs proches, soit par l'ambition d'élever ou d'enrichir leur famille. On s'élève soi-même en élevant les siens, on se fortifie de la puissance qu'on leur donne; car l'égoïsme de la famille se ramène en définitive à celui qui en est le chef. Si cet abus devient général dans une nation, le gouvernement s'affaiblit en se déconsidérant, et les populations perdent le respect de l'autorité qui paraît les exploiter dans un intérêt privé. Les liens entre les gouvernants et les gouvernés se relâchent, l'affection périt avec la confiance, et alors il ne faut plus qu'un choc pour briser la machine politique et rompre l'unité sociale. L'esprit de famille poussé à cet excès s'appelle le *népotisme*.

M. L. BAUTAIN.

14. — L'intelligence au service de la patrie.

SUJET

Montrer la justesse de cette pensée, si sévère qu'elle paraisse : « C'est être un mauvais citoyen que de ne savoir point tout ce qu'on a la possibilité d'apprendre ».

PLAN

A. Le devoir de citoyen est une contribution, un concours à la vie, à la prospérité de la Patrie et de l'État.

a) La vie et la prospérité de la communauté politique procèdent du développement intellectuel de ceux qui la composent et de ceux qui la dirigent.

b) Plus étendu est le droit du citoyen de participer à la gestion de la communauté, plus s'accroît et se précise son devoir de s'instruire (droit de suffrage, éligibilité, accès à toutes les charges et fonctions publiques).

B. En toute espèce de travail, même le plus vulgairement manuel, l'intelligence et le savoir apportent un perfectionnement, une supériorité.

    a) Intérêt général de la Patrie et de l'État dans la supériorité du travail et des produits de toute sorte de l'activité du citoyen. — Concurrence étrangère : avantages commerciaux et industriels. — Liaison de la fortune publique à la prospérité des affaires particulières.

    b) Plus la communauté facilite au citoyen les moyens de s'instruire, plus celui-ci est coupable de négliger son instruction. (Écoles et cours publics gratuits, bibliothèques, musées, collections scientifiques, etc., ouverts à tous.)

C. Secours direct de l'intelligence et de l'instruction de chaque citoyen à la patrie en danger.

    a) Mauvais raisonnement de celui qui se dit : « Je ne joue qu'un rôle secondaire ; inutile d'acquérir les capacités d'un premier rôle. » Les circonstances imprévues peuvent lui attribuer ce premier rôle : dans le combat, tous les officiers supérieurs tombés, un subalterne s'est vu obligé de prendre le commandement du régiment. — Généraliser par analogie.

    b) Influence de l'esprit d'une nation sur les autres nations : prépondérance morale. — Elle compense parfois les revers militaires, et oblige le plus fort à respecter le plus faible.

Chacun y peut contribuer par son perfectionnement intellectuel et moral. Négliger de s'instruire, c'est donc manquer au devoir de citoyen.

RÉFÉRENCE

L'INTELLIGENCE AU SERVICE DE LA PATRIE.

J'ai cherché longtemps la cause de cette partialité en faveur de la France (la sienne), et je n'ai pu la trouver que dans l'occasion qui la vit naître. Un goût croissant pour la littérature m'attachait aux livres français, aux auteurs de ces livres et au pays de ces auteurs. Au moment même que défilait sous mes yeux l'armée française, je lisais les grands capitaines de Brantôme. J'avais la tête pleine des Clisson, des Bayard, des Lautrec, des Coligny, des Montmorency, des La Trémouille, et je m'affec-

tionnais à leurs descendants comme aux héritiers de leur mérite
et de leur courage. A chaque régiment qui passait, je croyais
revoir ces fameuses bandes noires qui jadis avaient fait tant
d'exploits en Piémont. Enfin j'appliquais à ce que je voyais les
idées que je puisais dans les livres; mes lectures continuées et
toujours tirées de la même nation, ranimèrent mon affection
pour elle, et m'en firent une passion aveugle que rien n'a pu
surmonter. J'ai eu dans la suite occasion de remarquer dans
mes voyages que cette impression ne m'était pas particulière et
qu'agissant plus ou moins dans tous les pays sur la partie de
la nation qui aimait la lecture et qui cultivait les lettres, elle
balançait la haine générale qu'inspire l'air avantageux des
Français. Les romans leur attachent les femmes de tous les
pays; leurs chefs-d'œuvre dramatiques affectionnent la jeunesse à leurs théâtres. La célébrité de celui de Paris y attire
une foule d'étrangers qui en reviennent enthousiastes. Enfin,
l'excellent goût de leur littérature leur soumet tous les esprits
qui en ont; et dans la guerre si malheureuse dont ils sortent,
j'ai vu leurs auteurs et leurs philosophes soutenir la gloire du
nom français ternie par leurs guerriers.

> J.-J. ROUSSEAU, *Confessions*.

Il fallait armer neuf cent mille hommes....

Pour cela les anciennes manufactures n'avaient rien; plusieurs, situées sur les frontières, étaient envahies par l'ennemi.
On (la Convention) les recréa partout avec une activité jusqu'alors inconnue.

Des savants furent chargés de décrire et de simplifier leurs
procédés: la fonte des cloches donna tout le cuivre nécessaire.
L'acier manquait, on n'en pouvait tirer du dehors. L'art de le
faire était ignoré; on demanda aux savants de le créer; ils y
parvinrent, et cette partie de la défense publique devint indépendante de l'étranger....

La poudre était ce qui manquait le plus.... Lorsque les membres du Comité de Salut public annoncèrent aux administra-
teurs qu'il fallait fabriquer dix-sept millions de sacs de poudre
dans l'espace de quelques mois, ceux-ci restèrent interdits :
« Si vous y parvenez, dirent-ils, vous avez des moyens que
nous ignorons ». C'était cependant la seule voie de salut.... Les
savants offrirent d'extraire tout du sol de la république.... La
chimie inventa des moyens nouveaux pour raffiner et sécher le
salpêtre en quelques jours.... La poudre se fit en douze heures.
Ainsi se vérifia cette assertion hardie d'un membre du Comité
de Salut public : « On montrera la terre salpêtrée, et cinq
jours après on en chargera le canon ».

> BIOT, *Histoire des sciences pendant la Révolution*.

15. — L'égalité.

SUJET

La devise de la République française proclame l'égalité des citoyens. Trouvez-vous le sens complet de cette égalité dans cette pensée de Joubert : « Les hommes naissent inégaux. Le grand bienfait de la société est de diminuer cette inégalité autant qu'il est possible en procurant à tous la sûreté, la propriété nécessaire, l'éducation et les secours ? »

N. B. A un plan de détail, nous substituons, pour exciter la réflexion et l'esprit critique des élèves, une indication et des références dont ils auront à composer leur opinion et leur démonstration.

Trois sortes d'inégalité :

1° Inégalité de condition sociale, — les extrêmes en sont l'esclave et son maître, — fondée sur l'abus de la force ; — elle a pour causes la faiblesse ou l'imperfection soit du corps, soit de l'esprit, le défaut de ressources, quelle qu'en soit la cause, le manque d'éducation.

2° Inégalité de condition morale, — résultant de la différence des intelligences, de la différence de l'éducation, et de la différence de la conduite.

3° Inégalité politique, résultant de la constitution de l'État.

Les deux premières sortes d'inégalité peuvent être atténuées ou supprimées par le bienfait de l'État, même s'il maintient la troisième sorte ; inversement l'État peut concéder l'égalité politique, ne remédier en rien aux deux premières ou seulement remédier à l'une des deux premières sortes d'inégalité.

En ce dernier cas il n'a créé qu'une fausse et périlleuse égalité. D'où il apparaît que c'est un devoir pour l'État qui accorde à tous les citoyens l'égalité politique, de leur rendre possible aussi l'égalité sociale et d'exiger d'eux, en

les y aidant, qu'ils réalisent par leur effort, au moins
jusqu'au minimum de l'observation de la justice, l'égalité
morale.

RÉFÉRENCE

DÉCLARATION DES DROITS ET DES DEVOIRS DE L'HOMME ET DU CITOYEN.

ART. 1. — Les hommes naissent et demeurent libres et égaux
en droit. Les distinctions sociales ne peuvent être fondées que
sur l'utilité commune.

ART. 2. — Le but de toute association politique est la conservation des droits naturels et imprescriptibles de l'homme. Ces
droits sont : la liberté, la propriété, la sûreté et la résistance à
l'oppression.

ART. 6. — La loi est l'expression de la volonté générale. Tous
les citoyens ont le droit de concourir personnellement ou par
leurs représentants à sa formation. Elle doit être la même pour
tous, soit qu'elle protège, soit qu'elle punisse. Tous les citoyens
étant égaux à ses yeux sont également admissibles à toutes les
dignités, places et emplois publics, selon leurs capacités, et sans
autre distinction que celle de leurs vertus et de leurs talents.

Le principe de la démocratie se corrompt, non seulement
lorsqu'on perd l'esprit d'égalité, mais encore quand on prend
l'esprit d'égalité extrême, et que chacun veut être égal à celui
qu'il choisit pour lui commander. Pour lors, le peuple ne pouvant souffrir le pouvoir même qu'il confie, veut tout faire par
lui-même, délibérer pour le Sénat, exécuter pour les magistrats
et dépouiller tous les juges.

Il ne peut plus y avoir de vertu dans la République. Le
peuple veut faire les fonctions des magistrats : on ne les respecte donc plus. Les délibérations du Sénat n'ont plus de
poids, on n'a donc plus d'égards pour les sénateurs, et par conséquent pour les vieillards. Que si l'on n'a pas de respect pour les
vieillards, on n'en aura plus pour les pères : les maris ne méritent pas plus de déférence, ni les maîtres plus de soumission.
Tout le monde parviendra à aimer ce libertinage : la gêne du
commandement fatiguera, comme celle de l'obéissance. Les
femmes, les enfants, les esclaves, n'auront de soumission pour
personne. Il n'y aura plus de mœurs, plus d'amour de l'ordre,
plus de vertu....

La démocratie a donc deux excès à éviter : l'esprit d'inégalité,
qui la mène à l'aristocratie ou au gouvernement d'un seul ; et

l'esprit d'égalité extrême, qui la conduit au despotisme d'un seul comme le despotisme d'un seul finit par la conquête.

. . . .

Autant que le ciel est éloigné de la terre, autant le véritable esprit d'égalité l'est-il de l'esprit d'égalité extrême. Le premier ne consiste point à faire en sorte que tout le monde commande ou que personne ne soit commandé, mais à obéir et à commander à ses égaux. Il ne cherche pas à n'avoir point de maîtres, mais à n'avoir que ses égaux pour maîtres.

Dans l'état de nature, les hommes naissent bien dans l'égalité; mais ils n'y sauraient rester. La société la leur fait perdre, et ils ne redeviennent égaux que par les lois.

Telle est la différence entre la démocratie réglée et celle qui ne l'est pas, que, dans la première, on n'est égal que comme citoyen, et que, dans l'autre, on est encore égal comme magistral, comme sénateur, comme juge, comme père, comme mari, comme maître.

La place naturelle de la vertu est auprès de la liberté, mais elle ne se trouve pas plus auprès de la liberté extrême qu'auprès de la servitude.

MONTESQUIEU, *l'Esprit des Lois*, liv. VIII, chap. II.

Si l'on recherche en quoi consiste précisément le plus grand bien de tous, qui doit être la fin de tout système de législation, on trouvera qu'il se réduit à deux objets principaux, la liberté et l'égalité : la liberté parce que toute dépendance particulière est autant de force ôtée au corps de l'État; l'égalité, parce que la liberté ne saurait subsister sans elle.... À l'égard de l'égalité, il ne faut pas entendre par ce mot que les degrés de puissance et de richesse soient absolument les mêmes; mais que quant à la puissance, elle soit au-dessus de toute violence, et ne s'exerce jamais qu'en vertu du rang et des lois; et, quant à la richesse, que nul ne soit assez opulent pour en pouvoir acheter un autre, et nul assez pauvre pour être contraint de se vendre : ce qui suppose du côté des grands, modération de biens et de crédit, et du côté des petits, modération d'avarice et de convoitise.

Cette égalité, disent-ils, est une chimère de spéculation qui ne peut exister dans la pratique. Mais, si l'abus est inévitable, s'ensuit-il qu'il ne faille pas au moins le régler? C'est précisément parce que la force des choses tend toujours à détruire l'égalité, que la force de la législation doit toujours tendre à la maintenir.

J.-J. ROUSSEAU, *le Contrat social*.

16. — Rapports entre les intérêts de la famille, ceux de la patrie, et ceux de l'humanité.

SUJET

« Si je savais quelque chose qui fût utile à ma famille, et qui ne le fût pas à ma patrie, je chercherais à l'oublier; si je savais quelque chose d'utile à ma patrie, et qui fût préjudiciable à l'Europe et au genre humain, je le regarderais comme un crime. »

Donnez votre avis sur cette règle de conduite de Montesquieu, et trouvez-en un exemple approprié

PLAN

A. Il s'agit, non d'être plus utile à sa famille qu'à sa patrie, ou à sa patrie qu'à l'humanité, mais d'être utile à un groupe, en nuisant à l'autre. Question de justice.

B. L'utilité du plus petit groupe, si elle constitue un dommage injuste au groupe plus étendu, n'est qu'une fausse apparence, un avantage momentané; le plus petit est contenu nécessairement dans le plus grand, et tôt ou tard, par un choc en retour, subit l'effet du préjudice issu de son intérêt particulier préféré *injustement*.

C. Le patriotisme, pour être vraiment une vertu morale, a besoin d'être réglé par le sentiment de la justice et celui de l'humanité (Jules Barni).

D. Exemples : *a)* L'invention d'une arme nouvelle; il peut être utile à la patrie de la posséder. Mais il peut être nuisible à l'Europe, voire à l'humanité de l'ignorer. Ne puis-je donc réserver mon invention à la patrie?

D'autre part il est de l'intérêt de ma famille que je vende le plus cher possible mon invention à l'État, tandis qu'il est de l'intérêt de ma patrie de l'obtenir, soit gratuitement, soit le moins cher possible.

Quelle solution?

b) Le cas se complique si de plus grands avantages sont offerts à l'inventeur par une nation étrangère. Quel parti doit-il adopter?

c) Examiner par analogie le cas de la découverte non d'un engin de guerre, mais d'un remède à une maladie.

SUJETS À TRAITER

I. — Comment appréciez-vous, au double point de vue du caractère de l'homme et de l'intérêt de l'État, cette parole de l'illustre Romain Scipion l'Africain : « J'aimerais mieux avoir sauvé la vie à un citoyen que défait cent ennemis » ?

II. — Peut-on admettre qu'il est permis de violer un serment lorsque c'est pour le bien du peuple ? Par exemple un général, fait prisonnier à la guerre, a été remis en liberté sur parole, à condition de ne plus porter les armes avant la conclusion de la paix. Sa patrie, vaincue, va périr s'il ne relève le courage des troupes en se mettant à leur tête, et il est persuadé de la sauver s'il le fait. — Doit-il rester fidèle à son serment ou tenter de sauver sa patrie ?

III. — « Le plus irréprochable des espionnages consiste simplement à lire avec attention les journaux d'un pays, car tout y est pour qui sait voir et comprendre. »

Qu'est-ce que suppose, de la part des journaux et de la part du lecteur, cette assertion d'un éminent journaliste contemporain (Raoul Frary)? Quelles règles pratiques en peut-on dégager ?

IV. — Quelle portée reconnaissez-vous à cette proposition : « Tout écolier est le commencement d'un citoyen ».

En déduire les devoirs supérieurs de l'écolier.

V. — Dans la circonstance d'une élection soit au conseil municipal, soit au conseil général, soit à la chambre des députés, l'un des deux candidats en concurrence est votre parent ou votre ami, mais ses principes vous paraissent contraires aux besoins du pays; l'autre représente bien des opinions que vous approuvez, mais des dissentiments personnels vous séparent. Comment votre devoir de citoyen vous oblige-t-il à voter?

VI. — La constitution de la République française accorde aux citoyens le suffrage universel; et une loi rend obligatoire l'instruction élémentaire et la fait donner gratuitement dans les écoles publiques. Ne serait-il pas juste de déduire de là que le citoyen demeuré par sa faute illettré sera déchu du droit électoral jusqu'à ce qu'il ait acquis l'instruction élémentaire? Dites votre avis motivé.

VII. — Expliquant le principe de la démocratie, Montesquieu écrit : « Il ne faut pas beaucoup de probité pour qu'un gouvernement monarchique ou un gouvernement despotique se maintienne et se soutienne. La force des lois dans l'un, le bras du prince toujours levé dans l'autre, règlent ou contiennent tout. Mais, dans un état populaire, il faut un ressort de plus qui est la VERTU. »
Expliquer pourquoi la vertu est plus nécessaire à la démocratie.

VIII. — Définir chacune de ces expressions : Société, État, Patrie, Gouvernement. En montrer les rapports et les différences.

IX. — « Dans la proscription du prince d'Orange, Philippe II promet à celui qui le tuera de donner à lui ou à ses héritiers vingt-cinq mille écus et la noblesse. »

En pareille occurrence, vous croiriez-vous le droit de gagner la récompense et sentiriez-vous de l'honneur à la recevoir ? Expliquez vos raisons.

X. — Apprécier au point de vue des intérêts de la patrie et de la moralité du gouvernement la parole historique du duc d'Orléans devenu Louis XII ;

« Le roi de France ne venge pas les injures du duc d'Orléans ».

XI. — Pendant les troubles de la Fronde, les mutins s'étant emparés du président du Parlement, Mathieu Molé, le menacent de mort s'il ne retourne faire sommation à la reine de remettre en liberté le conseiller Broussel. Après les avoir rappelés au respect de la loi : « Quand vous m'aurez tué, il ne me faudra que six pieds de terre », répondit Mathieu Molé, grave et calme, et il rentra lentement au Palais de Justice.

Faire ressortir la beauté de ce trait de courage civique, en analysant d'une part les qualités morales qu'il révèle en ce magistrat, et d'autre part le profit que la Patrie et l'État en retirent.

XII. — Lors du procès du surintendant des finances Fouquet, le roi Louis XIV voulait à tout prix qu'il fût condamné à mort. Il fit exprimer quel était son désir au conseiller d'Ormesson, chargé du rapport. Celui-ci répondit : « Je rends des arrêts et non des services ».

Commenter cette réponse et en prendre texte pour déterminer les devoirs du magistrat.

XIII. — Condorcet, proscrit, condamné à mort par le tribunal révolutionnaire, avait reçu asile chez une dame Vernet qui ne le connaissait pas. Apprenant qu'une loi nouvelle proscrivait ceux qui donnaient asile à un proscrit, Condorcet vint trouver Mme Vernet. « Madame, lui dit-il, je vous expose à la mort, je suis hors la loi, je ne resterai pas ici. — Monsieur, répondit Mme Vernet, la Commune peut vous mettre hors la loi, mais elle ne peut vous mettre hors l'humanité, vous resterez. »

Approuvez-vous Mme Vernet d'avoir désobéi à la loi de proscription ?

XIV. — Est-il admissible, au nom de la raison d'État, que le prince ou le gouvernement, selon le régime politique, a le droit de faire périr sans jugement un accusé, présumé coupable, parce que le jugement serait accompagné de scandale ?

XV. — Examiner la signification de cette parole : « La science et l'art n'ont point de patrie, mais les savants et les artistes en ont une ».

XVI.— Paul Bert a-t-il exactement caractérisé l'obligation de payer l'impôt en disant : « L'impôt est la même chose qu'une assurance : il vaut mieux payer un peu tous les ans que d'être toujours en crainte d'être ruiné ».

XVII. — En temps de guerre, comment les femmes peuvent-elles prouver leur patriotisme ?

XVIII. — « L'intérêt de la patrie est un peu dans l'accomplissement de tous nos devoirs, même professionnels », a écrit M. H. Marion. Est-il donc quelque chose en quoi l'ouvrier, le commerçant, petit ou grand, l'industriel, qui semble ne travailler que pour son intérêt, sert cependant son pays en l'exercice même de son métier, de son commerce, ou de son industrie ?

XIX. — Quelles réflexions vous inspire la contradiction de cette affirmation de J.-J. Rousseau : « Il est contre l'ordre naturel que le grand nombre gouverne et que le petit soit gouverné », et de ce principe fondamental de la constitution française : « La loi est l'expression de la volonté générale », réalisé dans la pratique par le suffrage universel ?

XX. — « Tout concourt à priver de justice et de raison un homme élevé pour commander aux autres. On prend beaucoup de peine, à ce qu'on dit, pour enseigner aux jeunes princes l'art de régner.... On ferait mieux de commencer par leur enseigner l'art d'obéir. »

Découvrir les raisons morales qui justifient ce trait satirique de J.-J. Rousseau, et examiner s'il ne s'applique pas aussi bien, proportion gardée, aux citoyens d'une démocratie, dont chacun peut prévoir qu'il sera appelé à faire les lois ou à les faire exécuter.

VI

LA SOCIÉTÉ ET LE DROIT DES GENS

---

1. — Comment vivre en société.

SUJET

Analysant le caractère de la société française,
J.-J. Rousseau note ceci : — Il faut « faire comme les
autres », c'est la première maxime de la sagesse du
pays : « Cela se fait, cela ne se fait pas », voilà la
décision suprême.

Quelle catégorie d'actions peut-il convenir, quelle
catégorie ne convient-il pas de subordonner à cette
maxime pratique?

PLAN

A. Pour vivre dans une société et s'y faire accepter il
importe d'en connaître et respecter les convenances et les
mœurs.

> *a)* Rappel de la règle de Descartes : « Me conformer
> aux lois et coutumes de mon pays » et, par contre,
> de l'indignation exagérée d'Alceste contre certains
> travers de la société.
>
> *b)* Inconvénients d'ignorer ou de choquer les usages
> et traditions reçus.

B. Les principes, qui règlent la forme extérieure des
actes, n'ont point en eux-mêmes de caractère moral. (La

politesse est bien une obligation d'ordre moral, mais les formes de la politesse sont très différentes, très variables suivant les pays, suivant les temps.)

C. Les actions qui engagent positivement la moralité ne peuvent en aucune façon dépendre des usages locaux; principe universel et supérieur : la loi du Bien.

> *a)* La justice est partout la justice. Elle ordonne partout le respect de la personne humaine, dans sa vie, dans sa liberté, son honneur, sa conscience et sa propriété.
>
> *b)* Si l'on se trouvait donc dans un pays ou dans une société où certains faits immoraux soient passés dans l'usage, ce ne serait pas une raison ni une excuse de suivre l'aberration commune.
>
> *c)* Mieux vaut, en pareil cas, sacrifier sa tranquillité, sa liberté, sa vie même que sa conscience et sa vertu.

RÉFÉRENCE

Je me formai une morale par provision.... La première règle était d'obéir aux lois et coutumes de mon pays, retenant constamment la religion en laquelle Dieu m'a fait la grâce d'être instruit dès mon enfance, et me gouvernant en toute autre chose suivant les opinions les plus modérées et les plus éloignées de l'excès qui fussent communément reçues en pratique par les mieux sensés de ceux avec lesquels j'aurais à vivre. Car commençant dès lors à ne compter pour rien les miennes propres à cause que je les voulais remettre toutes à l'examen, j'étais assuré de ne pouvoir mieux que de suivre celles des mieux sensés. Et encore qu'il y en ait peut-être d'aussi bien sensés parmi les Perses ou les Chinois que parmi nous, il me semblait que le plus utile était de me régler selon ceux avec lesquels j'aurais à vivre, et que pour savoir quelles étaient véritablement leurs opinions, je devais plutôt prendre garde à ce qu'ils pratiquaient qu'à ce qu'ils disaient, non seulement à cause qu'en la corruption de nos mœurs il y a peu de gens qui veuillent dire tout ce qu'ils croient, mais aussi à cause que plusieurs l'ignorent eux-mêmes; car l'action de la pensée par laquelle on croit une chose étant différente de celle par laquelle on connaît qu'on la croit, elles sont souvent l'une sans l'autre. Et entre plusieurs opinions également reçues, je ne choisissais que les plus modérées, tant à cause que ce sont toujours les plus commodes pour la pratique, et vraisemblablement les meilleures,

tous excès ayant coutume d'être mauvais, comme aussi afin de
me détourner moins du vrai chemin, en cas que je faillisse, que
si, ayant choisi l'un des extrêmes, c'eût été l'autre qu'il eût fallu
suivre.

DESCARTES

2. — Justice.

SUJET

Buffon, décrivant le tigre, stigmatise son caractère
de cette façon : « Il est cruel sans justice, c'est-à-dire
sans nécessité ».

Serait-ce donc à penser que la justice s'accordât
une seule fois avec la cruauté, et que la nécessité
devînt l'équivalent de la justice ?

PLAN

A. Justice : ne nuire à personne à moins d'y être contraint par une attaque. — La *nécessité* de la défense rend
excusable l'acte nuisible.

Cruauté : prendre plaisir à faire souffrir.

   a) La justice peut être sévère (code pénal, voire peine
      de mort). But : châtiment du coupable, préserva-
      tion de la société contre le crime.
   b) Aucun accord possible entre la justice et la cruauté.
      La justice interdit toute peine inutile.

B. Différence essentielle entre le tyran qui inflige les
tortures par plaisir, par intérêt, par passion, et le législateur qui édicte, le juge qui applique la loi, même la plus
rigoureuse, parfois à son regret (Brutus condamnant à
mort son fils, Agamemnon ou Jephté consentant au sacrifice de sa fille).

C. La cruauté n'est pas dans l'acte même, mais à la fois
dans son inutilité et dans le cœur de l'agent. — Couper un
membre, arracher les dents, actes cruels s'ils sont ordonnés,
exécutés dans le but d'infliger des souffrances; actes
licites, charitables même, accomplis par le chirurgien dans

une intention salutaire. — La *nécessité de soulager* le patient exclut la cruauté.

D. La nécessité peut-elle rendre juste une action qui sans elle serait injuste? — Identité constante de la justice. — Retour sur le cas de légitime défense.

E. Il ne peut être nécessaire d'être injuste, mais la pression d'une nécessité d'ordre physique diminue la capacité de discerner les limites du droit. — Circonstance atténuante.

3. — Rapport de la justice avec d'autres vertus.

SUJET

On demandait à Agésilas quelle était la plus grande vertu de la justice ou de la vaillance.

« Si les hommes étaient justes, ils n'auraient pas besoin d'être vaillants », répondit-il. — Commentez cette réponse.

PLAN

A. Au point de vue de la vie pratique, distinguer vertus de premier plan et vertus de second plan : — les premières, vertus nécessaires en toutes conditions et circonstances (vertus *cardinales*, prudence, tempérance, force d'âme, justice); — les secondes, formes particulières dérivées des premières, d'une pratique conditionnelle (telle la *vaillance*, c'est-à-dire courage militaire, forme particulière de la force d'âme).

B. Examiner si l'on doit étendre le sens de *vaillance* au delà du courage militaire, à tout le courage qui fait affronter un danger brutal pouvant être mortel, par exemple un incendie. — Cette vertu alors serait synonyme de dévouement, et non seulement l'égale de la justice, mais vertu supérieure même à la justice.

C. D'où nécessité du courage militaire? de la nécessité de la défense légitime. — Si toutes les nations pratiquaient les unes envers les autres les règles strictes de la justice, pas de guerre, — donc inutilité de tout ce qu'il est nécessaire que l'homme possède pour faire la guerre avec avantage. — Donc supériorité de la justice sur la vaillance.

D. Tout ce qui sort de l'injustice, même la défense légitime, par conséquent la vaillance, porte un vice originel, cause, tout admirable qu'elle soit, un mal absolu (destruction de l'ennemi, homicides, captivité, dévastations, etc.). — Au contraire, plus la justice est rigoureusement pratiquée, plus elle assure paix et sécurité ; d'elle rien de mauvais ne procède. — Supériorité.

Conclusion. — Agésilas a bien répondu ; sa réponse est d'autant plus significative qu'il était lui-même un grand général.

RÉFÉRENCE

Voir La Bruyère, LES CARACTÈRES, chap. X. *Du Souverain et de la République*, n° 9.

4. — Le devoir militaire et le respect de la vie.

SUJET

La loi d'humanité qui ordonne le respect de la vie d'autrui se trouve en certaines circonstances contredite par la loi civique qui ordonne de faire la guerre.

Comment la conscience les peut-elle mettre d'accord ?

PLAN

A. Principe moral du respect de la vie. — Principe du droit de conservation de la vie personnelle ; légitime défense.

    a) Le droit de conservation et de défense appartient aux collectivités comme aux individus.

    b) Une collectivité peut imposer à chacun de ses membres l'obligation de concourir à la défense de l'existence commune, de l'indépendance et de l'honneur commun.

B. Droit de la guerre : dernière raison quand la raison est restée impuissante.

a) Imperfection du droit de la guerre. Suprématie de la force brutale.

b) Conséquences inhumaines de la pratique de la guerre.

C. La considération des horreurs de la guerre ne dispense pas le citoyen de faire son devoir de soldat.

D. Conciliation du principe d'humanité avec le principe du droit de la guerre. Principe : on ne peut se défendre que contre qui menace, donc arrêt de toute violence, dès que cesse la nécessité du droit de défense.

> *a)* Mesures d'humanité dans la conduite générale de la guerre.
>
> 1° Respect des non-belligérants.
>
> 2° Respect des monuments publics et des propriétés privées non employés comme moyens de guerre.
>
> 3° Respect des bibliothèques, musées, collections scientifiques, etc., patrimoine intellectuel et moral de l'humanité tout entière.
>
> 4° Respect et protection des belligérants hors d'état de nuire : blessés, malades, prisonniers (croix de Genève).
>
> 5° Interdiction des armes aggravant les blessures et des moyens fallacieux de destruction de l'ennemi (balles explosibles, rivières empoisonnées, etc.).
>
> *b)* Faire la guerre de telle façon qu'à toute période la paix devienne possible.

E. N'imposer point aux vaincus des conditions de paix qui lui rendent inévitable le désir d'une guerre future.

Conclusion. — Du chef le plus élevé au plus humble soldat, ces prescriptions tracent à tous leur double devoir en tant qu'hommes envers l'humanité, en tant que citoyens-soldats envers la patrie.

5. — Le duel.

SUJET

Émile de Girardin qui, en duel, avait eu le malheur de tuer son adversaire, Armand Carrel, déclare : « Les duels sont un anachronisme : ils appartiennent à un autre régime, à des usages, à des mœurs et à des idées qui n'existent plus ».

Quels étaient ce régime, ces usages, ces mœurs, ces idées? Comment, s'il n'en reste rien, la pratique du duel subsiste-t-elle?

PLAN

A. Origines premières du duel.

    a) L'imperfection d'un état social où ne fonctionne pas une justice distributive régulière, connaissant et réprimant tous les délits, assurant à chacun la réparation des dommages éprouvés.

    b) L'insuffisance de la justice humaine ne supprimant pas le besoin de justice parfaite, chez certains peuples croyants, formation de cette idée que le duel est le « jugement de Dieu ». — Réformation de cette idée.

    c) Autres causes de la coutume du duel même lorsque la société a organisé la distribution de la justice :

        1° Orgueil de quelques-uns qui préfèrent recourir aux chances de leur force et de leur adresse pour vider leur querelle.

        2° Préjugé qui prétend qu'il est des offenses si délicates que nul tribunal n'en peut connaître la portée; que, d'ailleurs, les rendre publiques par un procès serait les aggraver et en faire souffrir davantage l'offensé.

        3° Préjugé du point d'honneur ; — erreur de ceux qui croient que l'honneur est, non pas dans l'irréprochable dignité de la vie personnelle, mais dans l'opinion plus ou moins factice du public.

        4° Mœurs batailleuses d'une société aristocratique et militaire.

B. *Contre-partie.* — Nouveau régime démocratique de l'égalité; — idée plus complète de la dignité individuelle associée à l'estime des services rendus à la société; — désuétude du port d'armes dans la vie civile; — suffisantes garanties de la répression et de la réparation des torts par le perfectionnement des lois et les qualités requises du magistrat; — progrès du bon sens pratique ne confondant plus le devoir avec le hasard d'un duel. — La publicité donnée au duel a détruit l'argument de la discrétion enveloppant l'offense.

C. Seules causes subsistantes : — orgueil individuel (prétention d'être juge et justicier en sa propre cause), — et faiblesse de caractère (concession à l'opinion superficielle de certain public).

Réformer ces défauts en faisant valoir les droits de la raison, du bon sens, de la justice et même de la charité.

RÉFÉRENCE

Gardez-vous de confondre le nom sacré de l'honneur avec ce préjugé féroce qui met toutes les vertus à la pointe d'une épée, et n'est propre qu'à faire de braves scélérats.... Que penser de celui qui s'expose à la mort pour s'exempter d'être honnête homme ? Ne voyez-vous pas que les crimes, que la honte et l'honneur n'ont point empêchés, sont couverts et multipliés par la fausse honte et la crainte du blâme. C'est elle qui rend l'homme hypocrite et menteur ; c'est elle qui lui fait verser le sang d'un ami pour un mot indiscret qu'il devrait oublier, pour un reproche mérité qu'il ne peut souffrir.

Rentrez donc en vous-même, et considérez s'il vous est permis d'attaquer, de propos délibéré, la vie d'un homme et d'exposer la vôtre pour satisfaire une barbare et dangereuse fantaisie qui n'a nul fondement raisonnable, et si le triste souvenir du sang versé dans une pareille occasion peut cesser de crier vengeance au fond du cœur de celui qui l'a fait couler. Connaissez-vous aucun crime égal à l'homicide volontaire ? et si la base de toutes les vertus est l'humanité, que pensons-nous de l'homme sanguinaire et dépravé qui l'ose attaquer dans la vie de son semblable ? Avez-vous oublié que le citoyen doit sa vie à la patrie, et n'a pas le droit d'en disposer sans le congé des lois, à plus forte raison contre leur défense ?

Vous n'osez donc sacrifier le ressentiment au devoir, à l'estime, à l'amitié, de peur qu'on ne vous accuse de craindre la mort. Pesez les choses, mon ami, et vous trouverez bien plus de lâcheté dans la crainte de ce reproche que dans celle de la mort même. Le fanfaron, le poltron, veut à toute force passer pour brave.

Celui qui feint d'envisager la mort sans effroi ment.

Tout homme craint de mourir, c'est la grande loi des êtres sensibles, sans laquelle toute espèce mortelle serait bientôt détruite. Cette crainte est un simple mouvement de la nature,

non seulement indifférent, mais bon en lui-même et conforme
à l'ordre : tout ce qui la rend honteuse et blâmable, c'est qu'elle
peut nous empêcher de bien faire et de remplir nos devoirs....

Quand il serait vrai qu'on se fait mépriser en refusant de se
battre, quel mépris est le plus à craindre, celui des autres en
faisant bien ou le sien en faisant mal? Croyez-moi, celui qui
s'estime véritablement lui-même est peu sensible à l'injuste
mépris d'autrui, et ne craint que d'en être digne; car le bon et
l'honnête ne dépendent pas du jugement des hommes, mais de
la nature des choses; et quand toute la terre approuverait l'action que vous allez faire, elle n'en serait pas moins honteuse.
Mais il est faux qu'à s'en abstenir par vertu on se fasse mépriser.
L'homme droit, dont la vie est sans tache et qui ne donna jamais
aucun signe de lâcheté, refusera de souiller sa main d'un
homicide et n'en sera que plus honoré. Toujours prêt à servir
la patrie, à protéger le faible, à remplir les devoirs les plus
dangereux, et à défendre, en toute rencontre juste et honnête,
ce qui lui est cher, au prix de son sang, il met dans ses démar-
ches cette inébranlable fermeté qu'on n'a point sans le vrai
courage. Dans la sécurité de sa conscience, il marche la tête
levée, il ne fuit ni ne recherche son ennemi; on voit aisément
qu'il craint moins de mourir que de mal faire, et qu'il redoute
le crime et non le péril. Si les vils préjugés s'élèvent un instant
contre lui, tous les jours de son honorable vie sont autant de
témoins qui les récusent; et, dans une conduite si bien liée, on
juge d'une action sur toutes les autres.

JEAN-JACQUES ROUSSEAU.

6. — Justice distributive.

SUJET

Pourquoi la société s'est elle substituée à l'individu
pour la répression des injures et la réparation des
dommages? A quelles conditions peut-elle exactement
remplir son devoir de distribution de la justice?

PLAN

A. Principe d'ordre : — sécurité publique; — troubles
perpétuels résultant des représailles individuelles.

B. Principe d'équité : impartialité du tiers arbitre, opposée à la passion de l'offensé, aux exigences abusives du lésé.

C. Impossibilité pour l'individu intéressé, même s'il veut être juste, de connaître et d'apprécier seul exactement tous les éléments de la cause.

D. Le coupable ne supporte pas sans résistance ou représailles la correction à lui infligée arbitrairement par son adversaire ; — il peut se résigner à subir une peine prononcée par un tribunal jugeant après enquête et débats, et sans passion.

E. Pour la société : devoir d'organiser la justice distributive :

    1° Législation.

    2° Égalité des justiciables devant la loi ;

    3° Création de tribunaux en nombre suffisant ;

    4° Choix prudent des magistrats et garantie de leur indépendance :

    5° Force armée pour la protection des innocents, la répression des coupables, l'exécution des jugements et sentences.

7. — La propriété individuelle et la propriété collective.

SUJET

N'y a-t-il pas une propriété sociale qui se forme et s'accroît par un effet ininterrompu sans nuire à la propriété individuelle ?

PLAN

A. Légitimité de la propriété individuelle, résultat du travail et de l'épargne. — Son utilité matérielle et morale, conservation et indépendance de l'individu.

B. L'individu ne peut acquérir de propriété personnelle que par le bienfait de l'organisation sociale.

C. Il se forme une première propriété collective par les redevances des propriétés individuelles, en échange de la protection commune.

D. La propriété collective qui se formerait par confiscation arbitraire de la propriété individuelle serait illégitime.

E. Constitution des biens communaux et nationaux : chaque personne morale (commune, département, association, État) peut devenir propriétaire selon les modes légitimes : production, acquisition, dons et héritages. — Capital intellectuel de l'humanité : arts, lettres, sciences, civilisation, formé par série d'efforts individuels.

F. Avantages offerts aux individus par les propriétés collectives; la collectivité peut acquérir, créer, entretenir et conserver des propriétés qu'une seule personne ne serait pas capable de posséder, ou que, si elle les possédait, elle réserverait à son usage exclusif. — Bibliothèques, musées, palais, parcs, eaux et forêts. — Chacun jouit dans une égale mesure de ce qui est à tous.

G. Progrès simultané de la propriété individuelle et de la propriété collective.

Apologue de M. A. Fouillée : « Une abeille ambitieuse s'attribuait tout l'honneur et toute la propriété de sa cellule; une autre, plus sage, lui répondit : « Aurais-tu pu « la construire, si tu n'avais eu pour point d'appui les autres « cellules, et pour guide, l'instinctive géométrie de la race? « Sans les cellules individuelles, point de ruche, et sans ruche « commune, adieu les cellules individuelles, tout s'écroule. »

8. — Les promesses et les contrats.

SUJET

De quelle façon convient-il d'interpréter cette proposition de Cicéron :

« Dans certains cas vous êtes dégagé de votre promesse, si l'exécution vous apportait plus de préjudices à vous-même que d'avantages à celui envers qui vous vous êtes engagé »?

PLAN

A. Principe absolu, respect de la parole donnée.

    a) Une seule exception indiscutable : le cas de force majeure.

    b) Toutes les autres exceptions ne peuvent se juger que comme cas particuliers : il s'agit d'une comparaison entre le préjudice de l'un et l'avantage de l'autre. — Il peut être jugé que celui qui exige l'exécution de la promesse manque de charité, mais l'autre, en s'y refusant, manquerait de justice. — Le cas de Shylock.

B. Cicéron n'engage qu'une hypothèse, celle d'un moindre avantage et non pas celle d'un *préjudice* pour celui envers qui l'on s'était obligé.

D'où il ressort que toutes fois que de la non-exécution de la promesse, celui à qui elle a été faite subirait un préjudice, l'obligation reste ferme.

Objection : mais un *moindre avantage*, n'est-ce pas même chose qu'un *préjudice*?

C. En outre, observer qu'il ne s'agit que de préjudices ou d'avantages d'un ordre moral, de telle sorte que la question peut se ramener, pour l'agent en cause, à l'examen d'un conflit de devoirs.

D. S'il s'agit d'une convention commerciale ou quelque autre analogue, la proposition de Cicéron n'est pas applicable, chaque partie étant seule juge du préjudice qu'elle éprouverait.

« Le cas de force majeure, qui a pour conséquence la résolution d'une promesse, ne doit s'entendre que d'une impossibilité absolue et non d'un simple changement de circonstances. » P. JANET.

9. — Le commerce.

SUJET

Quelles règles la morale impose-t-elle au commerce?
Est-il vrai de dire, comme l'a prétendu Aristote, qu'il
n'y a pas de commerce honnête?

PLAN

A. Définition du commerce : Acheter pour vendre
  a) L'objet en soi n'a pas changé de valeur.
  b) Valeur accessoire ajoutée à l'objet : travail, capital
     engagé, risques courus.
  c) D'où ressort le bénéfice? du travail et de l'intelli-
     gence, de la connaissance du métier. Pour cette
     raison il est honnête en principe.
  d) Dans quelle mesure doit se restreindre le *bénéfice
     honnête?*
B. Obligation du marchand : Vendre exactement la qualité et la quantité énoncées. Le contraire est une des
formes les plus coupables du vol : fraude et abus de confiance.
C. Dans l'antiquité, dans la société esclavagiste, le travail manuel n'a pas une valeur matérielle déterminée, il
n'a pas de valeur morale : il est servile.
  a) Aristote néglige absolument cet élément du pro-
     blème : un travail donnant sans indignité droit à
     rémunération ou salaire.
  b) De plus l'argent n'était pas alors considéré comme
     une denrée productrice d'intérêts. Il négligeait donc
     ainsi le calcul de l'intérêt du capital engagé; il ne
     voit qu'un fait : un objet revendu plus cher qu'il
     ne vaut.
D. Défaut de l'esprit de commerce exclusif : croire que
toute chose, même morale, est vénale.
E. Possibilité d'un commerce honnête.

1° Quant à la forme : en ne trompant jamais sur la qualité et la quantité.

2° Quant au fond : en ne vendant rien de contraire à la moralité ni à la santé.

RÉFÉRENCE

L'effet naturel du commerce est de porter à la paix. Deux nations qui négocient ensemble se rendent réciproquement dépendantes : si l'une a intérêt d'acheter, l'autre a intérêt de vendre; et toutes les unions sont fondées sur des besoins mutuels.

Mais, si l'esprit de commerce unit les nations, il n'unit pas de même les particuliers. Nous voyons que dans les pays où l'on n'est affecté que de l'esprit de commerce, on trafique de toutes les actions humaines et des vertus morales : les plus petites choses, celles que l'humanité demande, s'y font ou s'y donnent pour de l'argent.

L'esprit de commerce produit dans les hommes un certain sentiment de justice exac'e, opposé d'un côté au brigandage et de l'autre à ces vertus morales qui font qu'on ne discute pas toujours ses intérêts avec rigidité, et qu'on peut les négliger pour ceux des autres.

La privation totale du commerce produit au contraire le brigandage, qu'Aristote met au nombre des manières d'acquérir.

MONTESQUIEU.

Voici comment on distingue, parmi les professions et les diverses manières de s'enrichir, celles qui sont libérales et celles qui sont serviles. D'abord on méprise tout gain qui fait encourir la haine des hommes, tel celui des exacteurs, des usuriers. On regarde ensuite comme indigne d'un citoyen libre celui des mercenaires et de tout ouvrier dont on paie le travail et non le talent. Leur salaire est le prix d'une servitude. On doit aussi faire peu de cas des revendeurs au détail; leurs bénéfices se fondent sur le mensonge [1]. Or, la fausseté est ce qu'il y a de plus bas au monde. L'artisan en général exerce un métier servile : une boutique n'a rien qui s'accorde avec la condition d'homme libre. Mais ces métiers surtout ne méritent pas le moindre égard, qui sont au service des plaisirs :

Poissonniers, bouchers, cuisiniers, charcutiers et pêcheurs, suivant Térence. Ajoutons-y, s'il vous plaît, parfumeurs, baladins, et tout ce qui vit des jeux de hasard Au contraire, les

---

1. C'est l'idée fondamentale d'Aristote.

professions qui impliquent ou l'instruction ou une notable utilité pour la société, comme la médecine, l'architecture, l'enseignement des arts libéraux, celles-là sont honorables pour ceux
au rang de qui elles conviennent. Le commerce, s'il se fait en
petit, est méprisable ; s'il se fait en grand sur une vaste échelle,
opérant de tous les points du monde une importation variée [1],
et traitant sans fraude de nombreux marchés, il n'est plus à
dédaigner. Si même le négociant, content de sa fortune plutôt
qu'insatiable, se retire du port dans ses terres, comme auparavant il se retirait de la mer dans le port, il a des droits incontestables à notre estime. Mais, de tous les moyens d'acquérir, il
n'en est pas de meilleur, ni de plus fécond, ni de plus doux, ni
de plus digne d'un homme libre que l'agriculture.

Cicéron.

N. B. En contraste avec l'opinion aristocratique des anciens régimes,
observer l'opinion de la société démocratique. « Non seulement le travail, dit M. de Tocqueville, n'est point du déshonneur chez les peuples
démocratiques, mais il est en honneur : le préjugé n'est pas contre lui, il
est pour lui. Aux États-Unis, un homme riche croit devoir à l'opinion
publique de consacrer ses loisirs à quelque opération d'industrie, de
commerce, ou à quelques devoirs publics.... L'égalité ne réhabilite pas
seulement l'idée du travail, elle relève l'idée du travail procurant un
lucre. Dans les aristocraties, ce n'est pas précisément le travail qu'on
méprise, c'est le travail en vue d'un profit. Le travail est glorieux quand
c'est l'ambition ou la seule vertu qui le fait entreprendre. Ainsi l'idée du
gain reste distincte de celle du travail. Elles ont beau être jointes, en
fait, la pensée les sépare. Dans les sociétés démocratiques les deux pensées sont, au contraire, toujours visiblement unies.... Il n'y a pas de
profession où l'on ne travaille pas pour de l'argent. Le salaire, qui est
commun à toutes, donne à toutes un air de famille.... Aux États-Unis les
professions sont plus ou moins pénibles, plus ou moins lucratives, mais
elles ne sont jamais ni hautes ni basses. Toute profession honnête est
honorable. »

10. — Le talent et la moralité.

SUJET

Pour plaire à Phalaris, cruel tyran d'Agrigente, le
sculpteur Perilaüs imagina de fabriquer un nouvel
instrument de supplice, un taureau d'airain, dans le

---

1. L'opinion générale, dans l'antiquité, au moyen âge et même dans
les temps aristocratiques de l'âge moderne, a toujours montré plus de
considération au commerce maritime.

ventre duquel seraient rôtis les citoyens condamnés par le tyran. Phalaris admira fort la perfection de l'ouvrage; après quoi, il s'écria : « Ce taureau est muet, c'est à Perilaüs de lui apprendre à mugir ». Perilaüs, enfermé dans le corps de l'animal, sous lequel on alluma un grand feu, fut la première victime de son invention scélérate.

A une autre époque et dans un autre lieu, Guillotin inventa la machine d'exécution qui porte son nom, et, loin d'être condamné à en faire l'expérience, fut estimé pour l'avoir inventée.

Quelles peuvent être les raisons morales qui mettent une différence entre Périlaüs et Guillotin ?

PLAN

A. 1º Toute action tendant à accroître la souffrance humaine est criminelle; toute action tendant à la diminuer, méritoire. 2º L'invention de Perilaüs crée un supplice épouvantable par la nature et la durée des souffrances que la victime endurerait.

B. D'autre part, la valeur morale de toute œuvre tient en grande partie aux intentions de l'auteur ou de l'agent.

    a) Quel est le cas particulier de Perilaüs? Basse et cruelle complaisance pour la cruauté du tyran : soit par crainte, soit par naturelle méchanceté, il cherche la bonne grâce du tyran au moyen d'une complicité raffinée.

    b) Circonstance aggravante : il est artiste, il mésuse des dons de la nature et il déshonore son art par l'application scélérate qu'il en fait.

C. Guillotin, au contraire, cherche un moyen d'abréger les souffrances des coupables justement frappés d'une condamnation légale. Son invention écarte tout raffinement de cruauté.

D. Il crée sa machine à l'usage d'un pouvoir judiciaire régulier; son intention est qu'elle ne serve qu'à des exécutions légales.

Conclusion. — *a.* La malice de Phalaris, infligeant à Périlaüs la première expérience de son invention, semble une juste punition, bien que la justice ne soit pas l'inspiratrice du tyran : la victime n'excite pas la pitié.

b. Guillotin n'attire pas l'admiration, mais il ne soulève pas l'antipathie.

11. — La ruse.

SUJET

Till Ulenspiegel, personnage légendaire en Allemagne, où il incarne la farce spirituelle, se donnant pour médecin, se faisait fort de guérir tous les malades d'un hôpital, moyennant un salaire de 200 florins. Pris au mot, il voit séparément tous ses malades, et les informe qu'il peut les guérir, mais à une seule condition, c'est de faire brûler l'un d'entre eux, et, l'ayant réduit en cendres, le faire avaler aux autres. Il ajoute qu'il choisira le plus impotent.

Personne ne se soucia de passer pour le moins ingambe, et l'hôpital se vida rapidement. Till Ulensprigel reçut les 200 florins promis, et partit, comblé de remerciements.

Convient-il de ne faire que rire de ce tour ?

PLAN

A. Une farce n'est vraiment plaisante, elle n'est excusable, qu'à la condition qu'elle ne transgresse aucune loi morale et ne nuise à personne.

B. Dans le tour de Till Ulenspiegel, on relève plusieurs fautes morales, dont quelques-unes constituent même des délits, suivant la loi positive :

1º Il usurpe une qualité qu'il n'a pas ; et cette première faute est aggravée de ce qu'il la commet,

non par simple amusement, mais par un calcul
d'intérêt.

2° Il réclame et reçoit un salaire auquel il n'a
point droit, puisqu'il n'a guéri aucun malade.

3° Il ment en déclarant à chaque malade qu'il va
procéder d'une façon qui les effraye, et il abuse
même ainsi de l'autorité attachée à la qualité de
médecin, que lui suppose le malade.

4° Enfin, il commet un crime contre l'humanité, en
déterminant à sortir de l'hôpital des malades non
guéris, dont cette sortie précipitée peut causer
la mort.

Conclusion. — Ce n'est donc pas une saine gaîté que
peut provoquer le tour malicieux du personnage.

12. — Les limites de la tolérance.

SUJET

« Les victoires des malfaiteurs sont faites en grande
partie de la faiblesse des honnêtes gens. » (Jules
Ferry).

Pour trouver le remède à cette « faiblesse », recher-
chez-en les causes.

PLAN

A. Malfaiteurs dans la vie privée, malfaiteurs dans la
vie publique. — Caractère essentiel du malfaiteur, l'audace
et la violence. — Caractère naturel des honnêtes gens, la
douceur et l'amour de la tranquillité : — exagération coupable de ces dispositions estimables en soi; fausse tolérance; — abandon du devoir de combattre le mal.

Complicité par défaillance; ses causes : égoïsme, soit
individuel, soit domestique, soit corporatif; — la crainte
de se compromettre, capitulations de conscience, concessions lâches et dangereuses. — Conséquences funestes
pour tous : désordre moral, affaiblissement de la puis-

sance publique, altération des lois, déconsidération de l'honneur national.

B. Remèdes : Réveil de la conscience individuelle et de la conscience publique par l'enseignement du devoir. Rénovation du courage nécessaire : LA VERTU ARMÉE POUR L'ÉQUITÉ. Démonstration de l'intime liaison de la moralité privée et de la moralité publique; des intérêts particuliers et de l'intérêt général. — Obligation pour chacun de coopérer à la répression des méfaits, à la réfutation des doctrines corruptrices. — Élévation des âmes par la considération de la supériorité des biens d'ordre moral sur les avantages matériels. — Sentiment personnel de la responsabilité des destinées nationales.

RÉFÉRENCE

Peut-être est-il permis de signaler, parmi les habitudes funestes, une disposition exagérée à l'indulgence. On met trop souvent un vice sous le nom d'une vertu. Parce qu'on se sent incapable de rompre résolument et courageusement avec les vicieux, on se persuade qu'il est possible de garder son honneur intact, en usant avec eux de ménagements, en accueillant leurs avances, en maîtrisant l'indignation qu'inspirent leurs maximes et leur conduite. Quelquefois on se donne pour excuse la honte même qu'ils subissent justement; ou bien on descend envers eux au rôle de courtisan par pitié pour les opprimés, comme si ce n'était pas reconnaître la légitimité d'une force, que de l'implorer pour ceux qu'elle opprime.

Ces capitulations ont d'abord et avant tout le tort d'être des capitulations, et elles ont de plus le malheur d'exercer sur les âmes qui s'y livrent une influence délétère. On commence par une concession, on finit par une adhésion. Ce qui n'était d'abord qu'une faiblesse devient une lâcheté avec le temps et l'accoutumance.

Il y a en nous comme une troupe de courtisans, de flatteurs, de parasites qui nous assiègent sans cesse et nous fournissent secrètement des apologies pour toutes nos fautes.

Restons entiers, si nous voulons rester droits. Ne permettons pas aux lâches faiblesses de pénétrer dans notre cœur, car elles le gâteraient. De toutes les choses difficiles, la plus difficile est de saisir ce qui sépare la bonté de la faiblesse. Corrigeons la pitié que nous inspirent les hommes par une haine vigoureuse contre le vice et le crime.

JULES SIMON.

13. — Accord de la justice et de la charité.

SUJET

On amène devant un juge anglais un homme surpris volant un pain dans la boutique d'un boulanger;
l'inculpé mourant de faim prouve que, malgré son bon
vouloir, il n'a pas, depuis plusieurs jours, trouvé de
travail. Le juge le condamne à l'amende selon la loi,
puis fait une collecte, à laquelle il participe, afin que
le condamné puisse s'acquitter de l'amende et recevoir même un secours pécuniaire qui l'aide à vivre
sans nuire à autrui jusqu'à ce qu'il ait trouvé à s'employer.

Analyser les sentiments auxquels a obéi le juge.

PLAN

A. Respect nécessaire du bien d'autrui. Le besoin ne
crée pas à l'un le droit de prendre ce qui appartient à
l'autre; — la pressante nécessité est une circonstance très
atténuante.

B. Le juge doit juger selon la loi le fait constaté ou
avoué ; désordre dans toute la société si le juge appliquait
ou n'appliquait pas la loi par motif sentimental.

C. Devoir de bienveillance et de bienfaisance. — Compassion pour les malheureux. Elle est surtout morale et
moralisatrice lorsqu'elle s'exerce avec intelligence afin de
les préserver de la faute. — Accord de l'intérêt de la
société qui pratique l'assistance et de l'intérêt de l'assisté.

Conclusion. — Belle interprétation de son devoir par ce
juge.

14. — L'aide et le secours.

SUJET

La sagesse du proverbe : « Entre l'arbre et l'écorce il ne faut pas mettre le doigt », exclut-elle le devoir de porter secours à notre semblable attaqué par un malfaiteur? Que feriez-vous en pareil cas?

PLAN

A. Distinction entre les conseils de la prudence et les obligations de la morale.

B. Examen du précepte vulgaire : « Ne nous mêler point de ce qui ne nous regarde pas ». — Mais qu'est-ce qui ne nous regarde pas?

C. Le danger couru par un de nos semblables ne nous regarde-t-il pas? — Principe plus généreux : « Rien de ce qui touche à un homme ne m'est étranger ».

D. Appréciation de l'opportunité de l'intervention et du mode de cette intervention selon les moyens d'action dont on dispose. — Difficulté de discerner parfois dans une rixe qui fut l'agresseur et qui mérite aide et protection.

E. Analogie avec le cas d'un homme tombé à l'eau : qui doit lui porter secours direct? ceux qui savent nager ou diriger un canot, mais tous indistinctement ont le devoir d'appeler à l'aide.

15. — La politesse.

SUJET

« La politesse d'usage, a dit Duclos, n'est qu'un jargon fade, plein d'expressions exagérées, aussi vide de sens que de sentiments. » D'autre part, Mme de Lambert fait ainsi l'éloge de la politesse : « Elle est la qualité la plus nécessaire au commerce « (entendez *relations de société*).

Quelle est donc la véritable politesse et quelle est sa valeur morale?

PLAN

A. La politesse consiste en formes extérieures, — ne garantit pas la réalité des sentiments dont elle offre l'apparence, — ne les gâte pas non plus s'ils sont réels.

    a) En quoi est juste la critique de Duclos : exemples.
    . — Sens du dicton : « Trop poli pour être honnête ».
    b) La véritable politesse est mesurée, graduée; — elle n'est pas seulement un code de conventionnelles manières, elle procède de l'esprit *civilisé*.

B. Elle n'est pas une tromperie. — Nul ne prend à la lettre les formules de politesse.

C. Elle facilite les rapports de société en ménageant les amours-propres. (Rappeler le *Misanthrope*, la scène du Sonnet.)

D. Elle est un hommage rendu, même par les moins sincères, à la dignité de la personne humaine, — en soi-même et dans les autres. — De l'extérieur, par l'accoutumance, elle gagne l'esprit.

E. Tracer rapidement en contraste les effets anti-sociaux de la grossièreté du langage et des manières.

RÉFÉRENCE

C'est un défaut si visible que de s'emporter dans la dispute à des termes injurieux et méprisants, qu'il n'est pas nécessaire d'en avertir. Mais il est bon de remarquer qu'il y a de certaines rudesses et de certaines incivilités qui tiennent du mépris quoi-qu'elles puissent venir d'un autre principe. C'est bien assez que l'on persuade à ceux que l'on contredit qu'ils ont tort et qu'ils se trompent, sans leur faire encore sentir par des termes humiliants qu'on ne leur trouve pas la moindre étincelle de raison.

                                    NICOLE.

L'incivilité n'est pas un vice de l'âme; elle est l'effet de plu-sieurs vices, de la sotte vanité, de l'ignorance de ses devoirs, de la paresse, de la stupidité, de la distraction, du mépris des autres, de la jalousie : pour ne se répandre que sur les dehors, elle n'en est que plus haïssable, parce que c'est toujours un défaut visible et manifeste; il est vrai, cependant, qu'il offense plus ou moins selon la cause qui le produit.

Dire d'un homme colère, inégal, querelleur, chagrin, pointilleux, capricieux : « C'est son humeur », n'est pas l'excuser, comme on le croit, mais avouer sans y penser que de si grands défauts sont irrémédiables.

Ce qu'on appelle humeur est une chose trop négligée parmi les hommes; ils devraient comprendre qu'il ne leur suffit pas d'être bons, mais qu'ils doivent encore paraître tels, du moins s'ils tendent à être sociables, capables d'union et de commerce, c'est-à-dire à être des hommes. L'on n'exige pas des âmes malignes qu'elles aient de la douceur et de la souplesse; elles ne leur manquent jamais, et elles leur servent de piège pour surprendre les simples et pour faire valoir leurs artifices; l'on désirerait de ceux qui ont un bon cœur qu'ils fussent toujours pliants, faciles, complaisants et qu'il fût moins vrai quelquefois que ce sont les méchants qui nuisent et les bons qui font souffrir.

LA BRUYÈRE.

Pour découvrir l'origine de la politesse, il faudrait la savoir bien définir, et ce n'est pas une chose aisée. On la confond presque toujours avec la civilité et la flatterie; dont la première est bonne, mais moins excellente et moins rare que la politesse, et la seconde mauvaise et insupportable, lorsque cette même politesse ne lui prête pas ses agréments. Tout le monde est capable d'apprendre la civilité, qui ne consiste qu'en certains termes et certaines cérémonies arbitraires, sujettes, comme le langage, aux pays et aux modes; mais la politesse ne s'apprend point sans une disposition naturelle qui, à la vérité, a besoin d'être perfectionnée par l'instruction et par l'usage du monde. Elle est de tous les temps et de tous les pays; et ce qu'elle emprunte d'eux lui est si peu essentiel qu'elle se fait sentir au travers du style ancien et des coutumes les plus étrangères. La flatterie n'est pas moins naturelle ni moins indépendante des temps et des lieux, puisque les passions qui la produisent ont toujours été, seront toujours dans le monde. Il semble que les conditions élevées devraient garantir de cette bassesse; mais il se trouve des flatteurs dans tous les états. Quand l'esprit et l'usage du monde enseignent à déguiser ce défaut sous le masque de la politesse, en se rendant agréable il devient plus pernicieux; mais toutes les fois qu'il se montre à découvert, il inspire le dégoût et le mépris, souvent même aux personnes en faveur desquelles il est employé : il est donc autre chose que

la politesse qui plaît toujours et est toujours estimée. En effet,
on juge de sa nature par le terme dont on se sert pour l'exprimer, on n'y découvre rien que d'innocent et de louable. Polir
un ouvrage, dans le langage des artisans, c'est en ôter tout ce
qu'il y a de rude et d'ingrat, y mettre le lustre et la douceur
dont la matière qui le compose se trouve susceptible, en un
mot de le finir et le perfectionner. Si l'on donne à cette expression
un sens spirituel, on trouve de même que ce qu'elle renferme
est bon et louable. Un discours, un sens poli, des manières et
des conversations polies, cela ne signifie-t-il pas que ces choses
sont exemptes de l'enflure, de la rudesse et des autres défauts
contraires au bon sens et à la société civile, et qu'elles sont
revêtues de la douceur, de la modestie et de la justice que
l'esprit cherche et dont la société a besoin pour être paisible et
agréable? Tous ces effets renfermés dans de justes bornes ne
sont-ils pas bons, et ne conduisent-ils pas à conclure que la
cause qui les produit ne peut être aussi que bonne? Je ne sais
si je la connais bien, mais il me semble qu'elle est dans l'âme
une inclination douce et bienfaisante, qui rend l'esprit attentif
et lui fait découvrir avec délicatesse tout ce qui a rapport avec
cette inclination, tant pour le sentir dans ce qui est hors de soi
que pour le produire soi-même suivant sa portée, parce qu'il
me paraît que la politesse, aussi bien que le goût, dépend de
la nature de l'esprit plutôt que de son étendue, et que, comme
il y a des esprits médiocres qui ont le goût très sûr dans tout ce
qu'ils sont capables de connaître, et d'autres très élevés qui l'ont
mauvais ou incertain, il se trouve de même des esprits de la
première classe dépourvus de politesse, et de communs qui en
ont beaucoup. On n'en finirait point si on examinait en détail
combien, s'il est permis de parler ainsi, elle embellit tout ce
qu'elle touche.

. . . .
Un geste, une parole, le silence même, enfin les moindres
choses guidées par elle, sont toujours accompagnées de grâce,
et deviennent souvent considérables. En effet, sans parler du
reste, de quel usage n'est pas quelquefois ce silence poli dans
les conversations même les plus vives? C'est lui qui arrête les
railleries précisément au terme qu'elles ne pourraient passer
sans devenir piquantes, et qui donne aussi des bornes aux discours qui montreraient plus d'esprit que les gens avec qui on
parle n'en veulent trouver dans les autres. Ce même silence ne
supprimerait-il pas aussi fort à propos plusieurs réponses spirituelles, lorsqu'elles peuvent devenir ridicules ou dangereuses
soit en prolongeant trop les compliments, soit en excitant quelques disputes.... J'avoue que cette même politesse, étant pro-
fanée et corrompue, devient souvent un des plus dangereux

instruments de l'amour propre mal réglé, mais en convenant qu'elle est corrompue par quelque chose d'étranger, on prouve, ce me semble, que de sa nature elle est pure et innocente.

DIDEROT.

16. — La pitié pour les faibles et les infirmes.

SUJET

La loi de Sparte condamnait à disparaître les nouveau-nés infirmes, mal conformés ou affectés de maladies réputées incurables.

Quels arguments pouvez-vous alléguer pour ou contre une pareille loi?

PLAN

A. Principe de toute société : sa conservation; les forts servent à la défense, les faibles (malades, infirmes, etc.) sont un embarras.

   a) Application du principe d'autant plus urgent que la société se trouve par nécessité plus guerrière.

   b) Justification de l'argument par la loi universelle de la nature (*loi de la sélection*).

   c) L'État, non seulement affaibli par les individus chétifs, mais menacé d'un progrès de l'affaiblissement par la dégénérescence de leur descendance.

   d) Débarrasser l'individu mal conformé d'une existence qui serait physiquement et moralement pénible pour lui à cause de la conscience de son infériorité, c'est agir dans son intérêt particulier.

   e) Perdre la vie n'est un mal que pour qui l'a connue : donc ce n'en est pas un pour le nouveau-né.

B. *Réfutation*. Interdiction absolue de détruire la vie d'un être quelconque sans *nécessité*. La faiblesse ou l'infirmité ne crée pas cette nécessité.

   a) La condition physique n'est pas la *seule* condition de la vie humaine. La sélection artificielle légitime à l'égard des animaux, illégitime à l'égard de l'être humain : celui-ci a une destinée morale.

b) Probabilité pour la société de recueillir la récompense des soins donnés au disgracié, par les services d'ordre intellectuel ou moral qu'il peut plus tard lui rendre.

c) Dans toute société civilisée, certaines fonctions nécessaires n'exigent point les forces physiques ni la parfaite conformation : elles seront remplies par les chétifs, qui rendront ainsi les robustes à des fonctions plus rudes : profit général.

d) Par cela même le disgracié échappe, au moins en partie, au sentiment de sa disgrâce, — bonheur possible par la pensée d'être utile à la société.

e) La personnalité intellectuelle et morale n'est pas nécessairement en proportion avec la personnalité physique. — Exemples historiques : le boiteux Tyrtée, le *bossu* maréchal de Luxembourg (*le tapissier de Notre-Dame*), le maréchal de Saxe impotent, vainqueur à Fontenoy, etc.

f) Progrès des sciences médicales : orthopédie, guérison de maladies, même héréditaires ou contagieuses, antérieurement réputées incurables.

g) Enfin, principe de compassion et de charité.

SUJETS A TRAITER

LA JUSTICE

1. — Vérifier ce principe de Cicéron : « Sans la justice il n'est pas de société possible même entre des voleurs ».

II. — Joubert dépeint ainsi la justice : « La justice est la vérité en action ». Rapprocher cette définition de celle que Platon donnait de la vertu : « La vertu est la science du bien ». Examiner dans quelle mesure la seconde prépare la première et la première complète la seconde.

III. — Si le duel est condamnable, comment jugerez-vous les héros de Corneille, don Diègue qui ordonne à son fils d'appeler don Gormas en combat singulier, et le Cid, Rodrigue, qui, docile à son père, provoque don Gormas et le tue? et le roi qui ordonne un autre duel entre Rodrigue et le prétendant à la main de Chimène?

IV. — Vérifier, en les rapprochant, la justesse de ces deux maximes : « La servitude avilit l'homme jusqu'à s'en faire aimer ». (Vauvenargues.) — « Il n'y a d'histoire que celle des peuples libres; l'histoire des peuples soumis au despotisme n'est qu'un recueil d'anecdotes ». (Chamfort.)

V. — *L'assassinat politique.* — Approuvez-vous le philosophe Hemsterhuys qui, parlant de Brutus, meurtrier de Jules César, dit qu'il a commis un crime aux yeux des hommes, mais que dans sa conscience son acte était conforme à l'ordre universel? Le même jugement s'appliquerait, malgré la différence des circonstances, à Ravaillac, assassin de Henri IV, à Casério, assassin du président Carnot.

VI. — *La médisance.* — Commentez cette pensée de Pascal :

« Je mets en fait que si les hommes savaient exactement ce qu'ils disent les uns des autres, il n'y aurait pas quatre amis dans le monde. Cela paraît par les querelles que causent les rapports indiscrets qu'on en fait quelquefois ».

Découvrir à ce propos les causes de la médisance, et par suite les moyens d'éviter cette faute.

VII. — *La propriété.* — Comment la première occupation peut-elle être considérée comme un mode légitime d'acquisition de la propriété?

VIII. — *La propriété collective.* — « L'âne du commun (celui qui sert à tous et n'appartient en propre à
personne) est toujours le plus mal bâté. »

Interpréter ce vieux proverbe, et montrer comment
on peut et doit remédier au défaut qu'il caractérise.

IX. — *Le commerce et la probité.* — Un voyageur
pressé entre dans la boutique d'un marchand de
comestibles et achète quelques denrées. Le marchand
profite de l'occasion pour écouler des articles légère-
ment avariés, et se félicite d'avoir réussi à s'en
défaire. Un témoin lui en fait reproche. « Oh ! à un
client habituel je ne voudrais jamais vendre du moins
bon », répond le marchand tout souriant, comme s'il
énonçait la parfaite justification de sa conduite.

Par quelles raisons lui en démontrerez-vous l'immoralité ?

X. — *Les vertus des riches.* — Que pensez-vous de
cet aphorisme de Rivarol : « Malheureusement il y a
des vertus qu'on ne peut exercer que quand on est
riche » ? — Quelles seraient ces vertus ?

XI. — Comment comprenez-vous cette maxime
d'Alfred de Vigny (*Journal d'un poète*) : « L'honneur
est la poésie du devoir » ?

XII. — Que ferez-vous d'une pièce de fausse mon-
naie reçue par mégarde ?

XIII. — Si un escroc m'a dérobé une part de mon
bien, ai-je le droit de lui reprendre par un semblable
procédé ou ce qu'il m'a volé ou l'équivalent ?

XIV. — Dans un roman célèbre de Walter Scott,
la Prison d'Édimbourg, l'héroïne refuse de se souiller

d'un mensonge qui assurerait le salut de sa sœur.
Faut-il approuver un tel respect de la vérité?

XV. — Si le respect de la vérité ne souffre aucune
exception, faut-il condamner l'héroïne du drame de
Shakespeare : Desdémone mourante, sauvant par un
mensonge Othello qui l'a tuée?

LA CHARITÉ

XVI. — Comment peut-on se faire aimer des
autres?

XVII. — Le vénérable Languet de Gergy, curé de
Saint-Sulpice, célèbre en son temps pour sa bonté,
dans le cours de ses quêtes, s'approcha d'un particulier qui, lassé de ses importunités, lui donna un
soufflet :

« Monsieur, fit le prêtre avec tranquillité, ceci est
pour moi; maintenant pour les pauvres, s'il vous
plaît ». — Faire ressortir les vertus que suppose une
si belle conduite.

XVIII. — Comment comprenez-vous cette sentence
de Daniel Sterne : « Beaucoup font l'aumône, peu font
la charité »?

XIX. — Condorcet proscrit, condamné à mort,
vivait caché dans la maison de Mme Vernet, rue Ser-
vandoni.

Un jour, en montant l'escalier de sa chambre, il
rencontra un nommé Marcos, adhérent du parti qui
l'avait proscrit, et logeant dans la même maison. Si
Marcos le reconnaissait, il le dénoncerait : sa perte
était assurée. Mme Vernet va frapper chez Marcos et
lui dit : « Citoyen, Condorcet demeure ici; s'il est

arrêté, je croirai que c'est vous qui l'avez dénoncé, et s'il périt, c'est vous qui aurez fait tomber sa tête ».

Marcos, ému, se dévoua au salut de Condorcet sans même marquer qu'il l'avait reconnu.

De quelles vertus Marcos, en cette circonstance, donna-t-il l'exemple?

XX. — Que pensez-vous des amusements dans lesquels des animaux subissent des souffrances, combats de coqs, courses de taureaux, etc.?

XXI. — Certaines personnes poussent l'amour des bêtes jusqu'à employer des sommes considérables à la fondation d'hospices où seraient recueillis et entretenus les chiens, chats, ou autres menus animaux domestiques abandonnés, vieux ou malades. Comment appréciez-vous cette pratique?

XXII. — Énoncez les principales dispositions de la loi sur la protection des animaux domestiques, et expliquez-en le caractère moral.

XXIII. — Que répondrez-vous à celui qui prétendrait exiger de vous comme un droit un acte de bienveillance ou de charité?

XXIV. — Joubert a dit : « Le plaisir de donner est nécessaire au vrai bonheur, mais le plus pauvre peut l'avoir ».

Rapprocher de cette pensée, cette autre pensée de Mme Swetchine : « Celui qui, pour donner, ne s'est jamais imposé de privations, n'a fait qu'effleurer les joies de la charité ».

Dégager de ces deux pensées le caractère suprême de la charité.

XXV. — Le fils de Marc-Aurèle ayant perdu son précepteur, les courtisans trouvaient mauvais qu'il le pleurât. Marc-Aurèle leur dit : « Souffrez que mon fils soit homme avant que d'être empereur ».

Développer les idées et les sentiments que Marc-Aurèle enfermait en cette parole.

XXVI. — Est-il vrai que si chacun exactement, en toute circonstance, pratiquait la justice, la charité serait inutile?

XXVII. — A Nicosie, de Chypre, un des habitants ayant vu, à la nuit tombante (février 1900), un individu qui s'apprêtait à mettre le feu à la poudrière de la ville, le tua net d'un coup de fusil. L'enquête ayant révélé l'intention criminelle de la victime, le justicier fut condamné d'abord à l'amende par le tribunal, pour meurtre, — la loi étant formelle sur ce point, — et décoré ensuite par le gouvernement pour avoir préservé la ville d'une effroyable catastrophe.

Appréciez cette double sanction.

(Cf. dans *Quatre-vingt-treize*, de Victor Hugo, l'épisode du canonnier de la *Claymore* qui a laissé une caronade du bord rompre ses amarres et au péril de sa vie parvient à se rendre maître de la pièce échappée. Il est d'abord récompensé pour son courage, puis fusillé pour sa négligence.)

VII

LES SANCTIONS DE LA LOI MORALE

---

1. — La faute et l'expiation.

SUJET

Socrate se fondant sur le principe : « Que le plus grand malheur est de n'expier point les fautes commises », voudrait que le coupable se dénonçât lui-même, et que même le parent, l'ami dénonçât ses parents, ses amis coupables pour leur procurer le bénéfice du châtiment.

D'autre part, n'est-ce pas commettre un sophisme que de justifier de leurs fautes nos parents et nos amis?

Socrate ne va-t-il pas contre la délicatesse morale? et dans le système contraire ne va-t-on pas à la fois contre la logique et contre la justice ?

PLAN

A. Double utilité morale de l'expiation, purification de la conscience et préservation de la récidive.

    a) Nécessité de l'expiation personnelle publique lorsque la faute porte préjudice à la société.

b) Obligation pour le coupable de se dénoncer afin d'éviter que l'accusation tombe sur un innocent.

c) Si la faute morale ne porte pas préjudice à la société, l'expiation publique n'est pas nécessaire, l'expiation intime suffit.

B. En principe, la délation ne peut être obligatoire quand le salut de l'État ou de quelque citoyen innocent n'en dépend pas.

a) Tout en souhaitant pour le coupable, dans son intérêt, l'expiation, nul ne peut l'*imposer* à ses parents, à ses amis.

b) Le scandale de la délation hors le cas de nécessité détruit, dans la moralité publique, le bienfait de la répression de la faute, et il n'a pas pour compensation certaine le bienfait de l'expiation dans le coupable dénoncé.

c) L'expiation n'est moralisatrice que si elle est volontaire ou tout au moins consentie.

C. Il est dans la nature que l'affection nous porte à excuser de leurs fautes nos parents et nos amis.

a) Prendre leur défense n'est pas contraire à la justice, c'est un devoir; en aucun cas la défense d'un accusé ne doit consister à fausser la justice; elle discute l'accusation et la responsabilité afin d'écarter les erreurs et de faire la balance entre les mérites et les torts de l'accusé.

b) Antipathie publique contre ceux qui se font, sans nécessité supérieure, les accusateurs de leurs proches.

c) Le sophisme consiste non pas à faire valoir les circonstances qui atténuent ou excusent la faute de nos parents ou amis, mais à prétendre que l'action mauvaise cesse d'être mauvaise par cela seul que c'est eux qui l'ont commise.

RÉFÉRENCE

Socrate. — Je pense, Polus, que l'homme injuste, que le criminel est malheureux en toute manière; mais qu'il l'est encore davantage s'il ne subit aucun châtiment, et si ses crimes demeurent impunis; et qu'il l'est moins, s'il reçoit de la part des dieux et des hommes la juste punition de ses forfaits.

POLUS. — Vous avancez là d'étranges paradoxes, Socrate.

SOCRATE. — Celui qui est châtié, portant la peine de sa faute, ne souffre-t-il pas une chose juste?

POLUS. — Apparemment.

SOCRATE. — Mais n'avons-nous pas reconnu que tout ce qui est juste est beau?

POLUS. — Sans contredit.

SOCRATE. — Mais ce qui est beau, est en même temps bon; car il est ou agréable ou utile.

POLUS. — Nécessairement.

SOCRATE. — Ainsi ce que souffre celui qui est puni est bon?

POLUS. — Il paraît que oui.

SOCRATE. — Il lui en revient par conséquent quelque utilité.

POLUS. — Oui.

SOCRATE. — Est-ce l'utilité que je suppose; devient-il meilleur quant à l'âme, s'il est vrai qu'il soit châtié a juste titre?

POLUS. — Cela est vraisemblable.

SOCRATE. — Donc, en subissant sa peine, il est délivré de la méchanceté de l'âme?

POLUS. — Il me le semble du moins.

SOCRATE. — La correction procure-t-elle, à votre avis, la délivrance du mal?

POLUS. — Vraisemblablement.

SOCRATE. — Et l'impunité l'entretient-elle?

POLUS. — Oui.

SOCRATE. — Commettre l'injustice n'est donc que le second mal pour la grandeur; mais la commettre et n'en être pas châtié, c'est le premier et le plus grand de tous les maux.

POLUS. — Il y a toute apparence.

SOCRATE. — C'est une conséquence de nos principes, qu'il faut avant toutes choses se préserver de toute action injuste, parce que c'est un grand mal en soi; et si l'on a commis une injustice, il faut aller se présenter au lieu où l'on recevra au plus tôt la correction convenable, et s'empresser de se rendre auprès du juge comme auprès d'un médecin, de peur que la maladie de l'injustice venant à séjourner dans l'âme, n'y engendre une corruption secrète et ne la rende incurable. La rhétorique, Polus, ne nous est d'aucune utilité pour défendre, en cas d'injustice, notre cause, non plus que celle de nos parents, de nos amis, de nos enfants, de notre patrie; si ce n'est dans le cas où l'on croirait devoir s'en servir, au contraire, pour s'accuser soi-même avant tout autre, ensuite ses proches et ses amis, dès qu'ils auraient commis quelque injustice, et devoir ne point tenir le crime secret, mais l'exposer au grand jour, afin que le coupable soit puni et recouvre la santé; en sorte qu'on se fît violence ainsi qu'aux autres pour s'élever au-dessus de toute crainte, et s'offrir les yeux fermés et de grand cœur, comme on s'offre au médecin, pour souffrir les incisions et les brûlures, s'attachant à la poursuite du bon et de l'honnête, sans tenir aucun compte de la douleur; en sorte, enfin, que si la faute qu'on a faite mérite des coups de fouet, on se présente pour les recevoir; si les fers, on tende les mains aux chaînes; si une amende, on la paye; si le bannissement, on parte en exil; si la mort, on la subisse; qu'on soit le premier à déposer contre soi-même et ses proches, afin que, par la manifestation des crimes commis, on parvienne à être délivré du plus grand des maux, de l'injustice.

PLATON, *Gorgias.*

Lire dans le roman de Victor Hugo, *Quatre-vingt-treize*, à la IIIᵉ partie, la scène entre Cimourdain et Gauvain, celui-ci reconnaissant sa faute et en réclamant la punition.

2. — La pénalité.

SUJET

Quels sont les principaux arguments pour et contre la peine de mort?

PLAN

A. Toute peine édictée par la loi humaine est défectueuse en la forme parce qu'elle est arbitraire.

   a) Nécessité morale de l'expiation. — La société n'a pas à en tenir compte : sinon confusion de l'ordre politique et de l'ordre moral. — L'État ne peut réaliser la justice absolue.

   b) La mission de la peine est de protéger le droit en réprimant les délits.

   c) Pour être *répressive* la peine doit avoir deux sortes de caractères :

     1° Caractères essentiels de la peine comme dérivant de son principe même : qu'elle soit *exemplaire, inévitable, modérée* (outrée, elle blesse l'humanité et manque son but), *proportionnée, égale pour tous, personnelle* (ce qui exclut tout châtiment rejaillissant sur la famille, tel que la confiscation).

     2° Caractères de la peine, issus du respect et de l'amour de l'humanité et de l'intérêt même de la société : qu'elle soit *moralisatrice*, *rémissible* (pour laisser au coupable l'espoir de la grâce et l'encourager ainsi à s'améliorer).

d) Examiner si tous ces caractères se retrouvent dans la peine de mort.

B. Fondements principaux de la théorie de la peine de mort :

1º Principe de la vengeance (vindicte) publique, — (loi du talion, loi de lynch).

2º Principe de la terreur.

3º Extension et régularisation du droit de défense.

C. Arguments contre.

1º Inviolabilité absolue de la vie humaine.

2º L'objection de la légitime défense insuffisante, la société n'est pas dans la nécessité de tuer le coupable, lorsqu'il est pris et désarmé.

3º Inutilité de fait de la peine de mort. « L'expérience de tous les siècles prouve que la peine de mort n'a jamais arrêté les scélérats capables de nuire. » (Beccaria.)

4º Elle n'est pas *exemplaire* : il est constaté que la plupart des condamnés à mort ont antérieurement assisté à une exécution capitale.

5º L'abolition de cette peine ne saurait être considérée comme cause d'augmentation des crimes. — Les statistiques le prouvent. — Certains crimes autrefois punis de la peine de mort, comme le vol, le faux monnayage, n'ont pas augmenté depuis que cette peine n'est plus appliquée à ceux qui s'en rendent coupables.

6º L'argument de la terreur n'a pas une valeur décisive, le supplice autrefois accompagné de tourments raffinés est aujourd'hui simplifié et de courte durée : les crimes n'ont pas augmenté pour cela. Le rétablissement de la peine capitale n'a pas fait diminuer les crimes dans les pays où elle avait été abolie.

7º Immoralité du spectacle des exécutions, mais d'autre part affaiblissement du caractère exemplaire de la peine, doutes sur sa réalité, soupçons contre le mode d'exécution, si elle est clandestine.

8° Elle est inutile à l'amendement du condamné (si cet amendement n'est pas le *principe* de la pénalité, il doit en être une des *fins*).

9° Argument suprême : cette peine est irréparable ; — erreurs judiciaires.

RÉFÉRENCE

« Le législateur n'a qu'une loi, qu'une peine à porter contre celui dont il voit le mal incurable. Comme il sait que ce n'est pas un bien pour de pareils hommes de prolonger leur vie, et qu'en la perdant, ils sont doublement utiles aux autres, devenant pour eux un exemple qui les détourne de mal faire, et délivrant en même temps l'État de mauvais citoyens, il se trouve, par ces considérations, dans la nécessité de punir le crime par la mort dans de semblables criminels ; hors de là il ne doit point user de ce remède. »

PLATON [1].

« Tout malfaiteur attaquant le droit social, devient par ses forfaits rebelle et traître à la patrie ; il cesse d'en être membre en violant ses lois, et même il lui fait la guerre.... Il doit en être retranché par l'exil comme infracteur du pacte, ou par la mort comme ennemi public ; car un tel ennemi n'est pas une personne morale, c'est un homicide, et c'est alors que le droit de la guerre est de tuer le vaincu. »

J.-J. ROUSSEAU [2].

« C'est à vous, Messieurs, d'examiner dans quel cas il est équitable d'arracher la vie à son semblable à qui Dieu l'a donnée. Vous qui travaillez à réformer ces lois, voyez avec le jurisconsulte Beccaria s'il est bien raisonnable que, pour apprendre aux hommes à détester l'homicide, des magistrats soient homicides et tuent un homme en grand appareil. Voyez s'il est nécessaire de le tuer quand on peut le punir autrement, et s'il faut gager un de vos compatriotes pour massacrer utilement votre compatriote, excepté dans un seul cas : c'est celui où il n'y aurait pas moyen de sauver la vie du plus grand nombre. C'est le cas où l'on tue un chien enragé. Dans toute autre occurrence condamnez le criminel à vivre pour être utile, qu'il travaille continuellement pour son pays parce qu'il a nui à son pays. Il faut réparer le dommage, la mort ne répare rien. »

VOLTAIRE [3].

1. *Les lois*, liv. IX, trad. Cousin, p. 167.
2. *Contrat social*, liv. II, chap. LIX.
3. *Histoire des Idées morales et politiques de la France au* XVIIIe *siècle*. Réflexions publiées en 1777 *Sur le prix de la justice et de l'humanité*, fondé à Berne sous ses auspices et dont il avait lui-même dicté le programme.

3. — La prescription en matière pénale.

La loi civile, dans l'ordre pénal, admet la prescription des délits et des crimes après un certain laps de temps.

Cette disposition s'accorde-t-elle avec les exigences de la loi morale et les notions psychologiques?

A. Double but de la punition.
    1° Sanction de la loi. — Répression.
    1° Correction du coupable. — Son amélioration si possible.

B. La gravité des fautes ne peut bien s'apprécier que si l'on tient compte exact et des conditions personnelles du coupable et des circonstances dans lesquelles il a failli :
    a) Difficulté de porter un jugement sûr après un long intervalle : moyens incomplets d'enquête, témoins disparus, etc.
    b) Pour que la punition soit efficace, il faut que le coupable comprenne qu'il la mérite. — État d'esprit changé avec le temps.
    c) Conséquence. — Nécessité de la promptitude du châtiment. — Imperfection du châtiment longtemps différé telle que sa suppression offre moins d'incon vénients.
    d) Le coupable a pu, sans intervention de peine légale, expier, même réparer sa faute, opérer lui-même sa réforme morale.

C. La punition aurait donc perdu déjà une grande partie de son effet. L'autre partie, la répression, n'a pas absolument fait défaut; deux cas : pour échapper à la peine légale le coupable s'est expatrié (l'exil est un des plus sévères châtiments); ou, resté dans le pays, il s'est lui-même amendé afin d'éviter d'attirer sur soi l'attention des magistrats.

Dans les deux cas la pensée présente de sa faute (remords, inquiétude) peut être comptée comme un équivalent du châtiment légal.

D. Le principe de la prescription est donc nécessaire à la bonne distribution de la justice; il n'est pas contraire à la loi morale et il s'accorde avec la notion psychologique des transformations graduelles des états d'esprit.

4. — La sanction divine.

SUJET

Examiner cette maxime posée par J.-J. Rousseau dans *Émile* : « Tenez votre âme en état de désirer toujours qu'il y ait un Dieu et vous n'en douterez jamais ».

PLAN

A. L'idée de Dieu identique à l'idée de justice parfaite.
  a) La justice parfaite implique la parfaite connaissance de tous les actes, de toutes les intentions.
  b) Le monde, théâtre d'un grand nombre d'injustices impunies : conception naturelle d'une vie future.

B. L'âme honnête n'ayant rien à redouter d'un juge infaillible n'est pas portée à nier Dieu; souffrant de subir ou de voir d'autres subir l'injustice, elle désire l'existence de Dieu; la raison le lui montre comme nécessaire à la sanction parfaite de la loi morale.

C. Union intime de l'état de vertu et de la croyance à l'existence de Dieu.
  a) Objection : des croyants commettent des fautes.
  b) Réfutation : la faute correspond non à la croyance, mais à une défaillance, à un oubli de cette croyance!
  c) Autre objection : les crimes des fanatiques commis au nom de Dieu.

d) Réfutation : le fanatisme, maladie de l'âme, vertige d'orgueil, dénature l'idée de Dieu; c'est à Dieu même que le persécuté fait appel contre le fanatique.

Conclusion. — Idée de Dieu, espoir et soutien du faible, frein du puissant.

RÉFÉRENCE

« Je voudrais voir un homme sobre, modéré, chaste, équitable, prononcer qu'il n'y a point de Dieu ; il parlerait du moins sans intérêt : mais cet homme ne se trouve point. »

LA BRUYÈRE (*Des Esprits forts*).

« Un Anglais s'avisa de publier un ouvrage contre l'immortalité de l'âme : on lui fit, dans les papiers publics, une réponse bien cruelle. C'était un remerciement conçu en ces termes : « Nous tous, voleurs de grands chemins, assassins, traitants, ministres, souverains, faisons nos humbles remerciements à l'auteur du *Traité contre l'Immortalité de l'Âme*, de nous avoir appris que si nous étions assez adroits pour échapper aux châtiments de ce monde-ci, nous n'aurions rien à redouter dans l'autre. »

DIDEROT.

« Il est très vraisemblable que l'athéisme a été la philosophie de tous les hommes puissants qui ont passé leur vie dans ce cercle de crimes que les imbéciles appellent *politique* [1], *coups d'État, art de gouverner.* »

VOLTAIRE.

SUJETS A TRAITER

I. — En quoi diffère de la superstition ce que, dans l'ordre des sentiments religieux, on appelle, en langage familier, « la foi du charbonnier » ?

1. La politique et l'art de gouverner ne sont pas nécessairement un *cercle de crimes.* Il est une morale politique et un droit international que doivent savoir respecter les hommes d'État, et quand ils ne les respectent pas, la politique qu'ils font, soit à l'intérieur, soit à l'extérieur, est pleine de périls pour les intérêts qu'ils dirigent, et pleine de honte pour eux-mêmes.

L'idée de Dieu — mais non pas cette idée corrompue en système de gouvernement théocratique — est le contre-poids nécessaire de la puissance dans l'âme humaine. (Pz.)]

II. — S'il n'y a point d'autre loi que celles de la nature physique et celles des conventions humaines, la santé ou la maladie, la prospérité dans les affaires ou les revers de fortune, le succès ou l'insuccès dans la vie publique ne sont-ils pas des sanctions exactes et complètes ?.

III. — Développer cette pensée de Rousseau : « Il n'y a point de religion qui dispense des devoirs de morale ».

IV. — Montrer la condamnation du fanatisme dans cette définition de la religion par Mme de Staël : « La religion la plus pure est celle qui fait du sacrifice de nos passions et de l'accomplissement de nos devoirs un hommage continuel à l'Être suprême ».

APPENDICES

SUJETS

Donnés en la session de juillet 1899
du certificat d'Études primaires supérieures.

ACADÉMIE D'ALGER. — *Sujet commun à toute l'Académie.*

(*Aspirantes.*) — Vous apprenez qu'une de vos compagnes a commis autrefois un acte d'indélicatesse qui était jusqu'alors resté ignoré de toutes les autres. Poussée par le vain désir de bavarder et sans aucune intention méchante, vous racontez ce que vous savez. Aussitôt on s'écarte de la jeune fille, on se détourne d'elle avec mépris.

Désespérée, elle est obligée de quitter l'école. Quelques années plus tard, vous apprenez qu'elle est en prison.

Analysez ce fait, montrez comment s'enchaînent les conséquences de cette indiscrétion.

Dégagez la leçon de cet incident en faisant voir combien la médisance, née presque toujours du besoin d'indiscrétion, est contraire à la fois à la charité et à la justice.

(*Aspirants.*) — Je suppose qu'il se soit fondé une société des anciens élèves de l'École à laquelle vous appartenez. — Développez les raisons morales pour lesquelles il convient que vous fassiez plus tard partie de cette société.

ACADÉMIE DE BESANÇON. — *Sujet commun aux aspirants et aux aspirantes dans tout le ressort.*

L'homme a des devoirs envers lui-même dont l'ensemble constitue le respect de soi-même, la dignité personnelle. — Quelle idée vous faites-vous de ces devoirs?

ACADÉMIE DE BORDEAUX. — *Sujet commun aux aspirants et aux aspirantes dans tout le ressort.*

Vous avez un ami qui maltraite sous vos yeux un petit chien, son souffre-douleur habituel. Dites pour quelles raisons : 1° vous avez été peiné de cette conduite, 2° vous en avez été indigné.

ACADÉMIE DE CAEN. — *Sujets communs aux aspirants et aux aspirantes.*

Département de l'Eure.

« Ne t'attends qu'à toi seul, c'est un commun proverbe. »
Expliquez le sens de ce conseil. — Montrez-en l'application dans la vie.

Pensez-vous que ce soit là un principe absolu, et que l'on ne puisse ou que l'on ne doive jamais compter sur ses parents, sur ses amis, sur ses voisins? — Concluez.

Département de la Manche.

« Il se faut entr'aider, c'est la loi de nature. »
Vous montrerez au moyen de quelques exemples pourquoi et comment cette maxime doit trouver son application à l'école, dans la famille, et d'une façon générale dans la société.

Département de l'Orne.

Mère écrevisse, un jour, à sa fille disait :
« Comme tu vas, bon Dieu! Ne peux-tu marcher droit?
— Et comme vous allez vous-même! dit sa fille;
Puis-je autrement marcher que ne fait ma famille?
Veut-on que j'aille droit quand on va tout tortu? »
Quelles réflexions vous inspirent ces vers de La Fontaine? Quel enseignement moral s'en dégage?

Département de la Sarthe.
La responsabilité; ses conditions, ses conséquences.

Département de la Seine-Inférieure.
L'esprit de famille. — En quoi consiste ce sentiment? Quels sont ses bienfaits? Poussé à l'excès n'offre-t-il pas quelques dangers?

ACADÉMIE DE CLERMONT-FERRAND. — *Sujet commun à tout le ressort.*

(*Aspirantes.*) — Dire en quoi consiste le patriotisme chez les femmes, et quels devoirs il leur impose. Donner des exemples.

(*Aspirants.*) — Une personne riche dit devant vous qu'il ne faudrait pas payer l'impôt. Répondez-lui et faites-lui comprendre que si on le supprimait, elle serait une des premières à demander qu'on le rétablit.

ACADÉMIE DE DIJON. — *Sujet commun aux aspirants et aux aspirantes dans les cinq départements du ressort.*

Vous aimez la belle et riche France, notre patrie; n'y a-t-il pas aussi des liens moraux qui vous rattachent à elle? Ces sentiments que vous éprouvez pour la patrie peuvent-ils se concilier avec le respect des autres nations et l'amour de l'humanité?

ACADÉMIE DE GRENOBLE. — Département de l'Ardèche. *Sujet commun aux aspirants et aux aspirantes.*

Commentez au point de vue moral (devoirs envers nous-mêmes, devoirs envers les autres; justice et charité) la fable de La Fontaine, *la Cigale et la Fourmi.*

Département de la Drôme. — (*Aspirantes.*)

Un ouvrier devenu veuf se laisse peu à peu entraîner par ses amis au cabaret et prend l'habitude de boire. Que doit faire sa fille aînée, qui a votre âge et a pris la direction du ménage, pour l'arracher à cette habitude sans manquer au respect filial?

Vous pouvez donner à ce sujet la forme que vous voudrez : dissertation, récit ou conseils donnés à cette jeune fille qui est une de vos amies.

(*Aspirants.*) — Peut-être serez-vous un jour à la tête d'une maison de commerce, d'une petite usine, d'un atelier. De quelle manière entendez-vous pratiquer à l'égard de vos ouvriers ces deux vertus sociales : charité, tolérance?

Département de l'Isère. — (*Aspirantes.*)

Devoirs des enfants envers leurs parents. Donnez des exemples.

(*Aspirants.*) — On répète souvent : « Voler l'État, c'est ne voler personne .» Démontrez la fausseté et l'injustice de ces paroles.

ACADÉMIE DE LILLE. — *Sujet commun aux cinq départemen de l'Académie.*

(*Aspirantes.*) — Du rôle de la femme dans la famille pour faire observer à l'homme les vertus privées de la tempérance et de l'épargne.

(*Aspirants*). — Expliquez cette maxime : « *Bien faire et laisser dire.* » Dites ce que vous en pensez et dites dans quelle mesure et pourquoi, tout en faisant son devoir, il convient néanmoins de tenir compte de l'opinion que peut inspirer à ceux qui nous entourent notre manière d'agir.

ACADÉMIE DE LYON. — *Sujet commun aux aspirants et aux aspirantes dans tout le ressort.*

Du vol envers l'État. — Comment vous expliquez-vous que les fraudes envers l'État (pour la douane, l'impôt, etc.) soient considérées par beaucoup de gens comme moins répréhensibles que les fraudes envers un particulier?

Montrez leur double gravité au point de vue de celui qui les commet et de l'État aux dépens de qui elles sont commises.

ACADÉMIE DE MONTPELLIER. — *Sujet commun aux aspirants et aux aspirantes dans les cinq départements du ressort.*

Épargne et prévoyance; leur nécessité, leurs bienfaits. — Caisses d'épargne, sociétés de prévoyance et mutualités, retraites pour la vieillesse.

L'épargne et la prévoyance chez les enfants et chez les adolescents : moyens de s'y habituer pour la vie.

ACADÉMIE DE NANCY. — *Sujets communs à tout le ressort.*

(*Aspirantes*) — Rôle de la sœur aînée dans la famille. Comment peut-elle soulager ses parents dans la direction du ménage et dans les soins à donner à ses frères et sœurs? Qualités qui lui sont particulièrement nécessaires.

(*Aspirants.*) — « La Politesse. » — Définition. — Doit-on être poli avec tout le monde? A qui doit-on particulièrement témoigner de la politesse? Pourquoi? Différence entre la politesse et l'obséquiosité. Montrez que « la vraie politesse part du cœur ».

ACADÉMIE DE PARIS.

Montrer que notre nature nous porte à vouloir le bien et que le mal est un désordre, un penchant contraire à la saine nature.

Académie de Poitiers. — *Sujet commun aux aspirants et aux aspirantes dans tout le ressort.*

Que pensez-vous de ce proverbe souvent invoqué : « La fin justifie les moyens » ?

Appuyez votre opinion sur des exemples.

Académie de Rennes. — *Sujet commun aux aspirants et aspirantes dans tout le ressort.*

Un vieil adage latin a dit : « La loi est dure, mais c'est la loi ». Que doit-on entendre par là, et quelle règle de conduite faut-il en tirer? Indiquez pourquoi, dans une république, l'obéissance aux lois est encore plus impérieuse que dans tout autre état politique. Si vous connaissez un bel exemple d'obéissance aux lois, racontez-le brièvement.

Académie de Toulouse. — *Sujet commun aux aspirants et aux aspirantes dans tout le ressort.*

Développer cette pensée : « Le plus riche des hommes, c'est l'économe; le plus pauvre, c'est l'avare ».

Académie d'Aix. — Un ouvrier entend le cri d'un camarade qui se noie. Malgré sa femme qui essaie de le retenir, il s'élance dans la rivière et sauve son camarade.

Décrivez la scène et appréciez la conduite du sauveteur.

RÈGLES DU RAISONNEMENT

ET PRINCIPALES CAUSES D'ERREUR

I. — Lois formelles de la pensée.

PRINCIPE D'IDENTITÉ : *Ce qui est est.*

Toute chose est totalement l'ensemble de ses caractères et partiellement chacun d'eux.

PRINCIPE DE CONTRADICTION : *Une chose ne peut pas en même temps être et n'être pas.*

Deux attributs contradictoires s'excluent l'un l'autre et ne peuvent coexister dans le même sujet

PRINCIPE DU MILIEU EXCLU : *Toute chose doit être ou ne pas être.*

De deux notions contradictoires qui ne peuvent coexister, nous sommes forcés de penser l'une ou l'autre comme existante. Étant donné un attribut quelconque, je ne puis pas ne pas déclarer qu'il appartient ou n'appartient pas à un sujet déterminé : pas de milieu.

II. — Règles du raisonnement.

A. INFÉRENCE IMMÉDIATE : *Rapport direct de deux propositions sans intermédiaire.*

a. Opposition des propositions. — Les propositions sont, au point de vue de la qualité, affirmatives ou négatives; — au point de vue de la quantité, universelles ou particulières; — au point de vue du degré de l'affirmation, categoriques ou hypothétiques.

Remarquons tout de suite, pour n'avoir pas à y revenir, que dans tout raisonnement, si l'antécédent est affirmé ou nié sans condition, c'est-à-dire catégorique, la conséquence qui en découle logiquement est aussi catégorique; si au contraire l'antécedent est affirmé ou nié sous certaines conditions, c'est-à-dire hypothétique, la conséquence qui en ressort logiquement ne peut être catégorique que si la condition énoncée a été réalisée et démontrée réelle.

Les propositions peuvent être : affirmatives universelles ou affirmatives particulières, négatives universelles ou négatives particulières.

Mises directement en rapport deux à deux elles établissent des inférences dont la valeur logique est rigoureusement déterminée.

L'affirmative et la négative universelles (*propositions contraires*) sont incompatibles; toutes deux prenant le même sujet dans toute son extension, l'une en nie et l'autre en affirme la même qualité : donc si l'une est vraie, l'autre est fausse.

L'affirmative et la négative particulières (*propositions subcontraires*) ne prenant ni l'une ni l'autre le sujet dans toute son extension, peuvent être vraies toutes deux ou toutes deux fausses, car il se peut que la partie considérée dans l'une ne soit pas la partie considérée dans l'autre.

L'universelle affirmative en opposition avec la particulière négative, l'universelle négative en opposition avec la particulière affirmative sont *contradictoires*.

L'une est nécessairement vraie et l'autre fausse.

Enfin l'affirmative universelle a pour subalterne l'affirmative particulière; la négative universelle, pour subalterne la négative particulière. La vérité ou la fausseté de l'universelle entraîne la vérité ou la fausseté de la particulière subordonnée ; mais la vérité ou la fausseté de la particulière n'entraîne pas la vérité ou la fausseté de l'universelle coordonnée.

b. Conversion des propositions. — Convertir une proposition c'est former une proposition nouvelle et également vraie en transposant le sujet et l'attribut de la première.

1° *Conversion simple.* — Transposition pure et simple du sujet et de l'attribut. — Applicable seulement à l'universelle négative et à la particulière affirmative. La quantité du sujet ne change pas.

2° *Conversion par limitation.* — L'attribut prend la place du sujet et de ce fait devient particulier d'universel qu'il était, ce qui *limite* la proposition. — Applicable uniquement aux affirmatives universelles. (Exception faite des définitions formulées en affirmatives universelles, qui se convertissent simplement.)

3° *Conversion par négation.* — Applicable uniquement aux négatives particulières. Deux étapes : d'abord transformation de la négative à convertir en une affirmative équivalente (ce qui s'obtient en transposant la négation du verbe à l'attribut), — puis conversion simple de la proposition ainsi obtenue.

4° *Conversion par contraposition.* — Deux étapes : attacher une négation au sujet et à l'attribut d'une affirmative universelle, puis les transposer.

B. INFÉRENCE MÉDIATE : *Liaison des propositions par un intermédiaire ou moyen terme.*

Le syllogisme. — *a. Définition* : c'est un raisonnement dans lequel certaines choses étant posées (prémisses) il en résulte nécessairement quelqu'autre chose (conclusion) par cela seul qu'elles sont posées.

b. Principes fondamentaux. — 1° L'attribut d'une proposition affirmative est toujours pris particulièrement.

2° L'attribut d'une proposition négative est toujours universel.

3° Tout syllogisme doit contenir trois termes : le grand, le moyen et le petit.

4° La conclusion ne doit jamais contenir le moyen terme.

c. Règles : — 1° Le moyen terme doit être pris au moins une fois universellement.

2° Les termes de la conclusion ne peuvent être pris plus universellement que dans les prémisses.

3° On ne peut rien conclure de deux propositions négatives.

4° De deux affirmations on ne peut conclure une négation.

5° La conclusion suit toujours la partie la plus faible.

6° De deux propositions particulières, il ne s'ensuit rien.

(Pour l'explication de ces règles, voir notre *Cours élémentaire de morale*, 3ᵉ partie, chap. III.)

Formes fréquentes des sophismes.

I. — *Sophismes d'inattention, d'ignorance.*

1° Prouver autre chose que ce qui est en question.

2° Supposer vrai ce qui est en question.

3° Prendre pour cause ce qui n'est point cause.

4° Faire un dénombrement imparfait.

5° Juger d'une chose par ce qui ne lui convient que par accident.

6° Passer du sens divisé au sens composé, et du sens composé au sens divisé.

7° Passer de ce qui est vrai à quelqu'egard à ce qui est vrai simplement.

8° Abuser de l'ambiguïté des mots.

9° Tirer une conclusion générale d'une induction defectueuse.

II. — *Sophismes d'amour-propre, d'intérêt et de passion.*

1° Juger des choses non par ce qu'elles sont en elles-mêmes, mais par ce qu'elles sont à notre égard : soumettre la vérité à l'utilité.

2° Les illusions du cœur : ceux que nous aimons n'ont à nos yeux que des qualités; nous sommes aveugles aux qualités de ceux que nous haïssons; nous tournons même leurs qualités en défauts.

3° Prétendre qu'on connaît parfaitement la vérité. Tous ceux qui sont d'un avis contraire au nôtre sont dès lors nécessairement réputés dans l'erreur.

4° N'admettre pas qu'une chose puisse être parce qu'on en a ignore l'existence et qu'on est convaincu de tout savoir.

5° Traiter d'opiniâtre celui qui ne se rend pas à nos raisons, alors qu'il n'est pas prouvé que nos raisons soient meilleures que les siennes par autre chose sinon qu'elles sont nôtres. L'adversaire en dit autant, et rien n'avance.

6° Dédaigner par jalousie et envie ce qu'inventent ou proposent les autres. « C'est un autre que moi qui l'a dit, donc c'est faux. »

7° L'esprit de dispute et de contradiction. On trouve toujours, quand on en est affecté, à repartir et à se défendre, parce qu'on a pour but d'éviter non l'erreur, mais le silence, et qu'on croit qu'il est moins honteux de se tromper toujours que d'avouer qu'on s'est trompé.

8° La complaisance à ne rien contredire, à tout approuver : cette accoutumance à prendre, ou faire mine de prendre pour vrai tout ce qu'on dit, corrompt premièrement le discours, et ensuite l'esprit.

9° L'entraînement à soutenir quelque opinion à laquelle on s'est attaché par d'autres considérations que par celles de la vérité.

III. — *Sophismes qui naissent des objets mêmes.*

1° Abuser de ce que dans la plupart des choses, il y a un mélange d'erreur et de vérité, de vice et de vertu, de perfection et d'imperfection, pour les confondre, et les faire passer l'une pour l'autre.

2° Former un vain ouvrage de paroles pompeuses par goût de rhétorique plutôt que de fonder un bon raisonnement par amour et respect de la vérité.

3° Juger témérairement des actions et des intentions des autres.

4° Les fausses inductions.

5° Juger des conseils et des desseins par les événements, de sorte qu'on identifie heureux et prudent, malheureux et coupable ; bien plus, on identifie le droit et le succès.

6° Juger témérairement de la vérité des choses par une autorité qui n'est pas suffisante pour nous en assurer, ou en décidant du fond par la manière.

7° Se laisser influencer, pour juger de ce que dit un homme, par sa conduite, sa richesse, sa dignité ou sa réputation.

8° Croire qu'un homme a raison lorsqu'il parle avec grâce, avec facilité, avec douceur et avec modération, et croire au contraire qu'un homme a tort lorsqu'il parle désagréablement ou qu'il fait paraître de l'emportement, de l'aigreur, de la présomption dans ses actions et dans ses paroles.

TABLE DES MATIÈRES

AVERTISSEMENT.. V

I. L'ORDRE MORAL.
    Conscience, Liberté, Responsabilité................ 1

II. LES FINS DE LA VIE HUMAINE.
    Le bonheur. Le devoir. La vertu................... 19

III. L'INDIVIDU.. 35

IV. LA FAMILLE.. 61

V. LA PATRIE ET L'ÉTAT................................ 80

VI. LA SOCIÉTÉ ET LE DROIT DES GENS................... 129

VII. LES SANCTIONS DE LA LOI MORALE...................... 161

APPENDICES.
    1° Sujets donnés aux examens.....,................ 171
    2° Règles du raisonnement..................... 176

246-01. — Coulommiers. Imp. PAUL BRODARD. — 11-01.

CLASSIQUES FRANÇAIS

(Éditions annotées par les auteurs dont les noms sont indiqués entre parenthèses.)

FORMAT PETIT IN-16 CARTONNÉ

Boileau Œuvres poétiques (Brunetière). 1 50
— Poésies, extraits des œuvres en prose (Brunetière). . . . . 2 »
— L'Art poétique, separément . . » 40
— Le Lutrin, separément . . . « 30
— Les Épitres, separément . . . . » 30
Bossuet De la connaissance de Dieu (de Leus). 1 60
— Sermons choisis (Rébelliau) . . . 3 »
— Oraisons funebres (Rébelliau) . . 2 50
Buffon . Morceaux choisis (E. Dupré). 1 50
— Discours sur le style. . . . . » 30
Chateaubriand Extraits (Brunetière). 1 50
Chanson de Rolland : (Extraits) (G. Paris) 1 50
Chefs-d'œuvres poétiques de Marot, Ronsard : etc (Lemercier) . . 2 »
Choix de lettres du XVIIe siècle (Lanson) 2 50
Choix de lettres du XVIIIe siècle (Lanson) 2 50
Chrestomathie du Moyen âge (G. Paris et Langlois) . . . . . 3 »
Condillac : Traité des sensations (Charpentier) 1 50
Corneille : Cinna (Petit de Julleville) 1 »
— Horace (Petit de Julleville) . . 1 »
— Le Cid (Petit de Julleville) . . 1 »
— Le Menteur (Petit de Julleville) . 1 »
— Nicodème (Petit de Julleville. 1 »
— Polyeucte (Petit de Julleville. 1 »
— Scènes choisies (Thirion). . . . 1 »
— Théâtre choisi (Petit de Julleville) . . 3 »
Descartes : Discours de la méthode; première méditation (Charpentier) . 1 50
— Principes de la philosophie. Livre I (Charpentier). 1 50
Diderot . Extraits (Texte) . . . . 2 »
Extraits des chroniqueurs français (G. Paris et Jeanroy) 2 50
Extraits des historiens du XIXe siècle (Jullian) 3 50
Extraits des moralistes (Thamin) 2 »0
Fénelon Fables (Ad Régnier) . . » 75
— Sermon pour la fête de l'Épiphanie (G. Merlet). . . . . » 60
— Télémaque (A. Chassang) . . 1 80
— Lettre à l'Académie (Cahen) . 1 50
Florian . Fables (Geruzez) . . . » 75
Joinville · Histoire de saint Louis (Natalis et Wailly) . . . . . 2 »

La Bruyère : Les Caractères (G. Servois et Rébelliau) 2 50
La Fontaine : Fables (Geruzez et Thirion) 1 60
— Choix de Fables (Geruzez et Thirion) 1 »
Lamartine : Morceaux choisis . . 2 »
Leibniz : Extraits de la Théodicée (Janet) 2 50
— Monadologie (Lachelier). . . . 1 »
— Nouveaux Essais Avant-propos et livre I (Lachelier). 1 75
Malebranche : Recherche de la vérité II (R. Thamin) 1 50
Molière : L'Avare (Lanson) . . . 1 »
— Les femmes savantes (Lanson) . 1 »
— Les Précieuses ridicules (Lanson). 1 »
— Le Misanthrope (Lavigne) . . . 1 »
— Le Tartufe (Lavigne). . . . . 1 »
— Scènes choisies (Thirion) . . . 1 50
— Théâtre choisi (Thirion). . . . 3 »
Montaigne : Principaux chapitres des Essais (Jeanroy) 2 50
Montesquieu : Grandeur et décadence des Romains (G. Jullian). . . 1 80
— Extraits de l'Esprit des lois et des œuvres diverses (Jullian) . . . . 2 »
Pascal : Pensées et Opuscules (Brunschwicg) 3 50
— Provinciales I. IV. XIII. (Brunetière) 1 50
Portraits et récits des prosateurs du XVIe siècle (Huguet). . . . 2 50
Racine Andromaque (Lanson) . . 1 »
— Athalie (Lanson). . . . . . . 1 »
— Britannicus (Lanson) . . . . . 1 »
— Esther (Lanson) . . . . 1 »
— Iphigénie (Lanson). . . . . . 1 »
— Les Plaideurs (Lavigne) . . . » 75
— Mithridate (Lanson). . . . . . 1 »
— Théâtre choisi (Lanson). . . . 3 »
Récits extraits des prosateurs et poètes du moyen âge (G. Paris) . 1 50
Rousseau Lettre sur les spectacles. (Brunel) . . . . 2 »
— Extraits en prose (Brunel) . . . 2 »
Scènes récits et portraits extraits des écrivains des XVIIe et XVIIIe siècles (Brunel) . . . . . 2 »
Sévigné Lettres choisies (Ad Régnier) 1 80
Théâtre classique (Ad Régnier) . 3 »
Voltaire Extraits en prose (Brunel) . 2 »
— Choix de lettres (Brunel). . . . 2 25
— Charles XII (A. Waddington) . . 2 »
— Siècle de Louis XIV (Bourgeois) . 2 75

D'autres sont en préparation.

216-04 — Coulommiers. Imp. PAUL BRODARD. — 4-01.

www.ingramcontent.com/pod-product-compliance
Lightning Source LLC
Chambersburg PA
CBHW070351090426
42733CB00009B/1380